# 籐で作る
# アクセサリーと小物

10種類の飾り結びで作る
バングル、ブローチ、バレッタ etc.

堀川 波

# contents

## はじめに

籐工芸との出会いは、通っていたあるジュエリーブランドのスクールで、籐のアクセサリーを作るという課題をもらったことでした。籐家具や籐籠は知っていても、実際に素材に触れたのはその日が初めて。それなのになぜか懐かしく、手工芸の温かさや、パズルを解くように編み目を作っていく楽しさに魅かれていきました。夢中になれることを見つけた幸せを感じながら、リビングいっぱいに広げた籐に囲まれて、手を動かすようになったのです。やがて編むうちに、私だけのアクセサリーや小物を作りたいと思うようになりました。お店には売っていないもの、大人に似合うもの、そして今の自分に合うナチュラルなもの…。

「飾り結び」は、日本に古来から伝わる"結び"の形です。
なじみ深いのは、「飾り結び」の水引やひもが飾られた祝儀袋でしょうか。人と人の縁を結ぶ、心と心の絆を結ぶなど、見えないもの同士をつなぐという意味が含まれています。
結界という言葉にも"結"の字が使われます。"結び"には物事を浄化し、清め、邪気を払う力があって縁起がいいのです。
本書で紹介するのは、古くから伝わるそんな結び方や船乗りのロープワークなどを、アクセサリーや小物に私なりにアレンジしたものです。

私自身、これまでたくさんのご縁をいただき、たくさんの人とつながってきました。見えない絆に導かれて今があると思うと感謝の気持ちがあふれ、「飾り結び」のアクセサリーを身につける喜びも深くなります。
はじめはうまくできないかもしれません。私も頭がこんがらがって、最初の頃は何度もやり直しました。でも、籐が手になじんでくると"結べる"ようになります。水引の基本であるあわじ結びができるようになると、どんどん作れるものが増えますよ。

堀川 波

# 10 種類の飾り結びを使って
# アクセサリーと小物を作ります

### 木の葉結び

一枚の木の葉のように見える美しい形。和のイメージより、むしろ洋を感じさせる。

### 菜の花結び

あわじ結びの端を丸めて4枚の花びらのようにしたもの。シンプルで愛らしい形。

### 亀結び

亀の甲羅に似ていることからこの名前がつけられた。籐の引き具合では花形にも見える。

### あわじ結び

古くからある水引の基本の結び方。両端をさらに引くと強い結び目ができることから、「縁結び」の意味がある。

### 籠目結び

結び目が籠の編み目のよう。この籠の目には厄をよせつけないという意味もあり縁起がいい。

### 平梅結び

梅の花の形。5枚の花びらが固く結ばれたように見えるため、人と人の絆や縁を意味する。

### 四角結び

船員がロープワークで滑り止めのマットを編んだ形が原型。モダンな小物ができる。

### 髪飾り結び

日本では婚礼などの慶事に使われる。船乗りのロープワークの世界ではナポレオンマットと呼ばれる伝統的な形。

### 袈裟結び

僧侶の袈裟の装飾として用いられる、格式高い修多羅結びの中にある結びのひとつ。

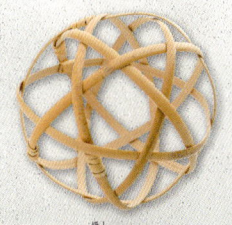

### 星編み

一筆書きの星・ペンタゴンから生まれた形。日本では、星の頂点を結ぶことで除災や清浄をもたらす結界を張るともいわれる。

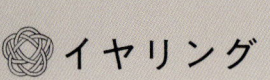 イヤリング

耳元でゆらゆら

軽い着け心地が魅力。飾り結びの
モチーフが歩みに合わせて耳元
で揺れてきっと視線が集まりま
す。 ヘアゴムは p.14 で紹介。

## いろんな編み方で…

飾り結びのモチーフを編み、ピアスやイヤリングの金具を取り付けるだけ。サイズや色を変えて楽しみましょう。

亀結び
作り方→p.62

袈裟結びアレンジ
作り方→p.52

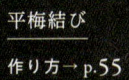

平梅結び
作り方→p.55

袈裟結び
作り方→p.52

菜の花結びアレンジ
作り方→p.49

木の葉結び
作り方→p.57

# ✿ イヤリング

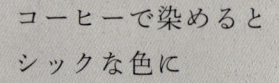

コーヒーで染めると
シックな色に

編み目の数を減らして袈裟結び
をアレンジ。コーヒーと木酢酸鉄
液に浸して色をつけ、大人っぽい
雰囲気に仕上げています。

袈裟結びアレンジ

作り方→ p.52

木の葉結びのモチーフは、自然の
ままの色。お気に入りの服に合
わせ、そよ風になびかせておしゃ
れを楽しみましょう。

木の葉結び
────────
作り方→ p.57

# ◈ リング

亀結び

作り方→ p.63

菜の花結び

作り方→ p.78

籠目結び

作り方→ p.59

## 編み方は3種類

編みながらモチーフの編み目を
広げて、指を通す穴を作ります。
太い籐を使えば存在感が、細い籐
なら繊細なリングになります。

## バングルとコーディネート

リングとバングルをそろえるの
もすてき。手作りしたことや飾り
結びの由来を、きっと友だちに話
したくなります。
連続あわじ結び（左）と連続亀結び（右）
のバングルは p.13 で紹介。

いろんな指にはめてみて

リングの大きさは編み目の大き
さを調節することで変えられま
す。着けたい指に合わせて、自分
サイズに編みましょう。

## ❀ バングル

### シンプルな服に
### 似合います

涼し気でありながら、存在感たっ
ぷり。ぐんとおしゃれ度が上がる
バングルです。軽いので長時間着
けてもストレスになりません。

### 寒い季節は
### セーターの上から

藤のアクセサリーは秋冬にも活
躍します。バングルを腕にはめれ
ば、重くなりがちなおしゃれに軽
やかさが生まれます。

星編み
作り方→p.70

作り方→p.70

## 色で雰囲気を変えられます

モチーフは4つ。コーヒーや紅茶で染めてシックな色合いにしたり、籐の太さを変えてインパクトを出したり。自由にアレンジしてみてください。

連続亀結び
作り方→p.63

作り方→p.63

連続あわじ結びアレンジ
作り方→p.72

作り方→p.72

髪飾り結び
作り方→p.67

作り方→p.67

連続あわじ結び
作り方→p.72

作り方→p.72

# バレッタ、ヘアゴム、かんざし、ヘアコーム

## 重ね使いを楽しんで

菜の花結びのヘアゴムをたくさん並べる、こんな使い方もかわいいですね。花の向きを少しずつ変えて遊び心をプラスしています。

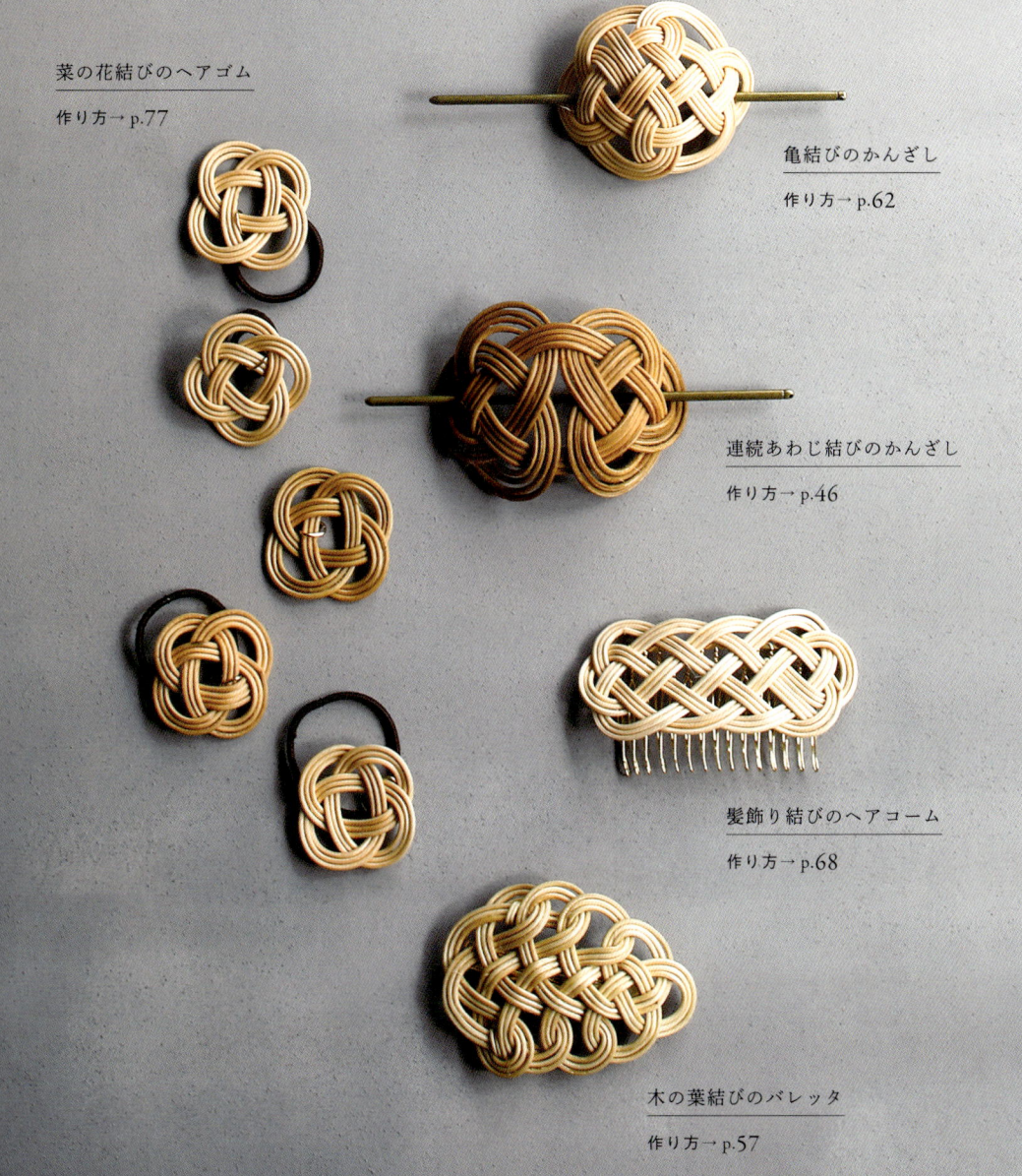

## モチーフに
## 金具やゴムをつけるだけ

作り方はどれもシンプル。好きな
モチーフを編み、バレッタの金具
やゴム、かんざし棒などをつけて
髪のおしゃれのポイントに。

菜の花結びのヘアゴム
作り方→ p.77

亀結びのかんざし
作り方→ p.62

連続あわじ結びのかんざし
作り方→ p.46

髪飾り結びのヘアコーム
作り方→ p.68

木の葉結びのバレッタ
作り方→ p.57

# バレッタ、ヘアゴム、
## かんざし、ヘアコーム

**コーヒーで染めれば**
## 大人の雰囲気

編み上がったモチーフをコー
ヒーに浸し、かんざしをほんのり
大人色に染めています。黒髪にな
じんでしっとりとした表情です。

連続あわじ結び
作り方→ p.46

おしゃれしたい日は
まとめ髪に

正面からは見えない頭のサイド
やバックにさりげなく着けまし
た。ふり返って初めてわかる、後
ろ姿のサプライズです。

髪飾り結び

作り方→p.68

# ◈ ブローチ

籠目結び
作り方→ p.59

袈裟結び
作り方→ p.53

髪飾り結び
作り方→ p.68

亀結び
作り方→ p.62

四角結び
作り方→ p.64

菜の花結び
作り方→ p.49

## 植物を飾って、よりナチュラルに

モチーフの裏にブローチピンをつけます。花や葉を足せば、結婚式などの華やかなシーンにも似合うコサージュになります。

季節の装いを

春には春の花、夏には夏の花…。
そんなふうに季節に合わせて花
を替え、手作りのブローチで四季
を味わうのもいいですね。

## 帯留め

### 和装にも似合います

和洋どちらの装いにも似合うの
が籐の魅力のひとつ。モチーフに
帯締めを通せば、凜とした中に温
もり漂う帯留めになります。

平梅結び
作り方→p.55

縁起のいいモチーフを、
帯のまん中に

飾り結びは、人と人を"結ぶ"と言
われる縁起のいい形。身に着けれ
ば自然に背筋が伸びて、和装する
日にもいいことがありそうです。

菜の花結び
作り方→p.50

連続あわじ結び
作り方→p.47

あわじ結び
作り方→p.46

21

## ポシェット＆
## ミニバッグ

### 籐は木綿や麻と
### 相性がいい

モチーフを麻素材のシンプルなバッグに縫い留めています。縦横の向きを変えるだけでイメージが変わるのも楽しいところです。

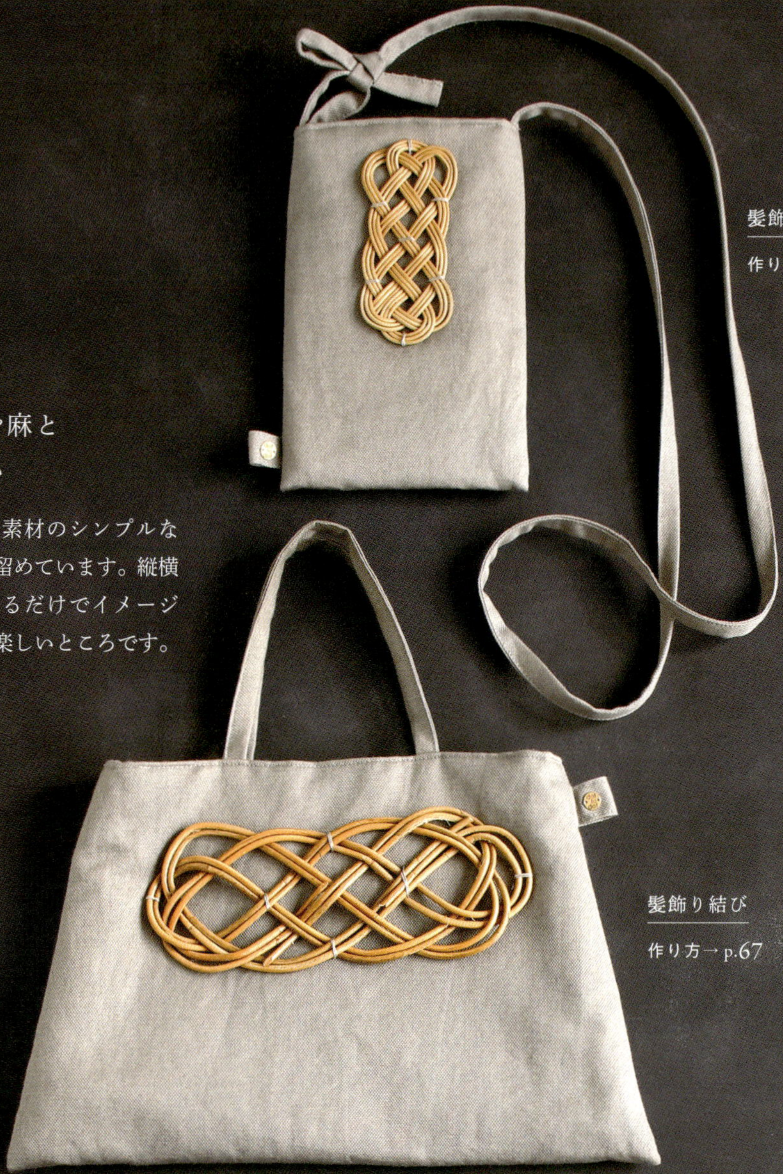

髪飾り結び
作り方→p.67

髪飾り結び
作り方→p.67

## カジュアルな
## コーディネートにぴったり

ポシェットとバッグは左ページ
の色違い。お気に入りのワンピー
スやデニムなどの普段着に合わ
せるのがおすすめです。

# ⊕ ネックレス

## 小さなポンポンをつけて…

シンプルな四角結びのモチーフ
に、銀色のコードとポンポンをつ
けたキュートなネックレスです。
冬はセーターに合わせても。

四角結び

作り方→p.65

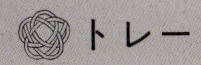 # トレー

## ワンプレートの
## 朝食はいかが？

食卓に手仕事の温かさが伝わる
トレー。ワンプレートで楽しむ朝
食にぴったりです。使うほどに色
が濃くなり雰囲気が増します。

髪飾り結び
作り方→p.68

テーブルを囲む人の
数だけ編めば…

並べておくだけでかわいいコー
スター。ポットやクリーマーの持
ち手にも籐を巻いて楽しんでい
ます（巻き方は p.71 参照）。

四角結び
作り方→p.65

## コースター＆マット

熱々のポットを
のせても大丈夫

籐のマットは和のテーブルにも
しっくりなじみます。熱い器も冷
たい器ものせられるので、お茶の
時間にきっと重宝するでしょう。

四角結び
作り方→p.65

## 籐に囲まれて、和みの時間

ひとつ、ふたつ…と編んで数を増やし、籐のアクセサリーと小物でナチュラルな暮らしを彩りませんか？　髪飾り結びのバングは p.13、籠目結びのリングは p.10 で紹介。

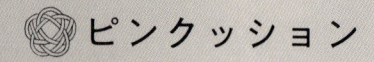 ピンクッション

籠目結び
作り方→ p.60

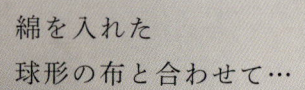

綿を入れた
球形の布と合わせて…

コーヒーと木酢酸鉄液で染めた
ダークブラウンのモチーフに、端
切れで作ったクッションをのせ
ました。友だちへのプレゼントに
もおすすめです。

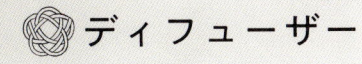# ディフューザー

木の葉結び
作り方→ p.57

袈裟結び
作り方→ p.52

ボトルに挿せば
籐に香りが伝わって…

端を長く残してディフューザー
に。2本の脚のうち一方を液体
から外すと吸い上げがよくなり、
より香りが強くなります。

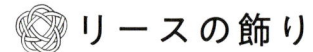 # リースの飾り

## 籐の花を咲かせるように

緑の枝で作ったフレッシュリースはナチュラルなインテリアにぴったりです。植物はイタリアンルスカス、ユーカリ・ニコリー。

菜の花結び
作り方→p.50

籠目結び
作り方→p.60

#  スワッグの飾り

## 大きなモチーフをアクセントに

壁飾りとして、緑の葉がドライに
なるまで長期間楽しめます。植物
はフェイジョア、ウエストリンギ
ア、ユーカリ・ニコリー。

袈裟結び
作り方→ p.53

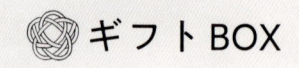 # ギフト BOX

菜の花結び
作り方→p.50

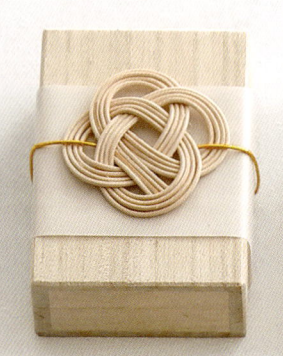

あわじ結びアレンジ
作り方→p.47

あわじ結び
作り方→p.47

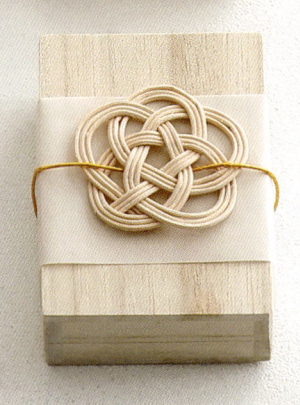

籠目結び
作り方→p.60

## リボンの代わりに、
## 飾り結びをひとつ

言葉なしで思いが伝わる贈り物。
モチーフがもつ縁起の意味を一
緒に差し上げましょう。箱に合わ
せたサイズに編むといいですね。

 # 祝儀袋

平梅結び
作り方→p.55

袈裟結び
作り方→p.53

四角結び
作り方→p.65

あわじ結び
作り方→p.47

## 小枝や実ものを
## 添えて…

水引で飾った祝儀袋は和のイ
メージですが、籐ならモダンな
趣も。紙を折って袋も手作りし、
気持ちを伝えませんか？

# ❄ クリスマスオーナメント

星編み
作り方→p.70

## 赤い実と一緒に
## 枝に吊るすだけ

ヒバなど針葉樹の枝に星編みの
モチーフを吊るしました。赤い実
を添えてクリスマスカラーに。モ
ミの木がなくてもできるツリー
です。

星編みの中に小さなグラ
スを入れて、花器カバー
としても使えます。

# 花器の飾り

シンプルなボトルの口に
くるくると

ガラスボトルに皮籐を巻くだけ
でナチュラルな花器になります。
飾り結びを編むよりずっと手軽
にできます。

雑貨の巻き飾り
作り方→p.71

# 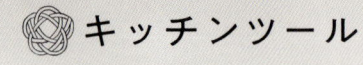 キッチンツール

雑貨の巻き飾り
作り方→ p.71

茶筒

カッティングボード

レードル

## 取っ手に巻けば
## すべり止めの役目も

レードルやカッティングボード、
茶筒…。身近な道具に籐を巻くだ
けで北欧雑貨のように生まれ変わ
ります。熱さよけにもなります。

**雑貨の巻き飾り**
作り方→p.71

## 部屋にころがしておく
## だけでもかわいい

オブジェのようなペーパーウエイトです。石に斜めに巻いたり、交差させたりするだけで、美しく静かな佇まいが生まれます。

星編み

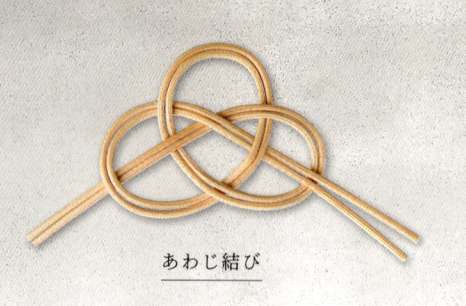

あわじ結び

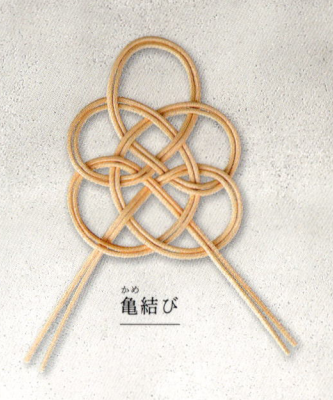

亀結び

籐のアクセサリーと小物

# 作り方

10 種類の基本の飾り結びの編み方、
作品の下準備から籐の扱い方のコツ、
仕上げ方までを説明していきます。
籐は編むほどに手になじむ素材です。
ひとつ目よりふたつ目、3つ目とどんどん上手に
できるようになるのも楽しいところです。

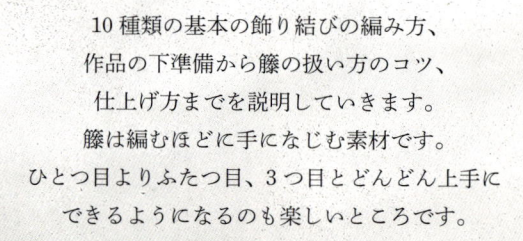

平梅結び

菜の花結び

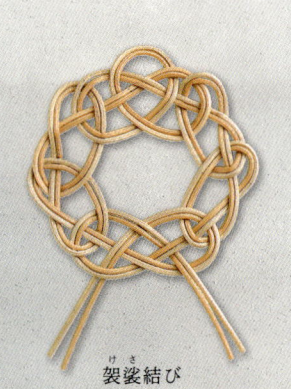

袈裟結び

木の葉結び

籠目結び

髪飾り結び

四角結び

＊作品のサイズはおおよそです。
すべて外径を表示しています。
＊力加減により編み目や作品のサイ
ズは変わります。途中で足りなくな
らないよう、籐は表記の長さに余裕
をもたせて用意しましょう。

# 籐の種類

籠や家具など、暮らしの道具の素材として昔から愛されてきた籐。
インドネシア諸島や東南アジアなどの熱帯〜亜熱帯のジャングルで育つ、ヤシ科の植物です。
本書では以下の2種類を、作品に合う太さや幅のものを選んで使っています。

## ❀ 丸芯

籐の表皮を取り除いたもので、
断面部が円形になっている。

| 径 1.25 mm | 径 1.5 mm | 径 1.75 mm | 径 2.0 mm | 径 3.0 mm |
|---|---|---|---|---|
| ピアスなど小さく繊細なアクセサリー、祝儀袋などに。 | 楚々とした印象のブローチやバレッタなどに。 | ほどよい存在感をもたせたいリングなどに。 | しっかりした手触りなのでバングルに最適。ブローチやリングにも。 | トレーやマットなどのインテリア小物に。 |

## ❀ 皮籐

籐の表皮部分で、
表面が平らになっている。

| 幅 3.0 mm | 幅 5.0 mm |
|---|---|
| 石などに巻き付けて、部屋の飾りに。 | レードルやカッティングボードなどの持ち手、星編みのバングルにも。 |

## ❀ インターネットで購入できます

### 小西貿易

写真のような束で販売されています。
丸芯は「丸芯 特級品AT」。約300g 1束。
皮籐は「生皮籐　平」。種類によって約100〜300g 1束。

問い合わせ　03-3862-3101　〒111-0052 東京都台東区柳橋 1-27-3-1階
籐・ラタンの材料の通販サイト　https://www.e-rattan.net/
＊籐を扱う大型クラフト店などにもあります。
（2021年5月現在）

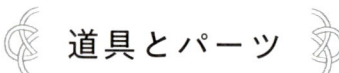

# 道具とパーツ

作品作りに必要な道具です。アクセサリーのパーツは、同じものでなくてもかまいません。
籐のサイズや色に合うものを使いましょう。

## ❀ 編むときに

**やすり**

編み始める前にやすりで籐をこすり、表面をつややかにする。本書では中目と細目の2種類を使用。紙とスポンジタイプのどちらを使ってもよい。

**ペンチ**

細かい編み目を引っ張るときや、金属（アクセサリー金具）をつけるときに使用。先細タイプが使いやすい。

**はさみ**

籐をカットするときに使用。

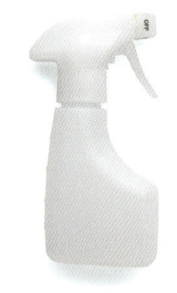

**スプレー容器**

籐は水分を含ませ、柔らかくしてから編む。スプレー容器は、編んでいる途中で乾いてしまったとき、霧を吹いて湿らせるために使用。

**接着剤**

金属にも使える多目的用接着剤が便利。

**油**

仕上げに籐の表面に塗り光沢を出す。完全に乾く乾性油（ひまわり油、紅花油、亜麻仁油、えごま油など）がよい。半乾性油（ごま油、コーン油など）や不乾性油（オリーブ油、椿油など）は不向き。

**クリップ**

制作途中の籐を留める際に。

## ✿ アクセサリーの仕上げに

**イヤリング（ピアス）の金具**
モチーフにつないで使用。どちらでもお好みのものを。つけ方は同じです。

**カツラ**
イヤリングの仕上げに。籐を筒に差し金具と合体する。本書では内径3.0㎜を使用。

**丸カン**
イヤリングの仕上げに。カツラと金具の間に付ける。本書では内径4.0㎜を使用。

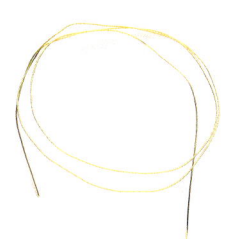

**チャーム**
好みでピアスの飾りに。

**ワイヤー**
ピアスを作る際、複数の籐をまとめるために使用。

**ブローチピン**
モチーフの裏側につける。

**Cカンとゴム**
ヘアゴムの仕上げに。Cカンは本書では4.0㎜を使用。

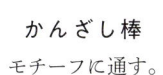

**かんざし棒**
モチーフに通す。

**コーム**
モチーフの裏側につける。

**バレッタの金具**
モチーフの裏側につける。

# 準備から仕上げまで

籐のアクセサリーや小物にジュエリーらしい高級感を出す、いくつかのポイントをご紹介します。
本書の作品すべてに共通する工程です。

## ❀ 準備が大事

### やすりをかける

籐にやすりをかけると、表面がなめらかになり、つやが出る。まず中目で全体を研磨して大きな毛羽を取り、さらに細目でもう一度研磨する。

### 籐を水に浸す

編む前にはかならず籐をたっぷりの水に浸し、そのまま20分ほどおいて、手になじむ柔らかさにする。柔らかくすることで曲げ伸ばしが自由にできるようになる。

## ❀ 編むときは…

### アクセサリーは
### 実物大写真を利用して

バングル、ブローチ、バレッタ、ヘアゴム、ヘアコーム、かんざしなどは、作り方ページ（p.46〜）にあるそれぞれの実物大写真をコピーして型紙にし、写真のように当てながら進めると編みやすい。サイズを考えなくてすむ上、カーブなどもきれいにそろう。

### 乾いたらこまめに霧吹きを

編んでいる途中で籐が乾き硬くなったら、霧を吹いてもう一度水分を含ませ、手になじむ柔らかさに戻そう。水にそのまま浸してしばらくおいて、柔らかく戻してもよい。

### 編み目を整える

編み目が不ぞろいで気になるときは、目打ちなど先の細いものを使ってあきや籐の並びのバランスを整える。

## ❀ 仕上げ

### 油を塗って艶を出す

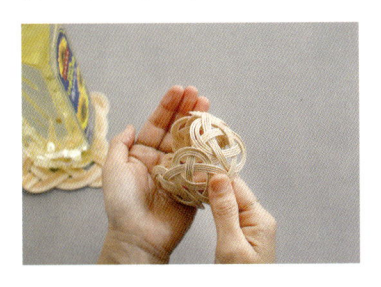

編み上がったら、指先にたっぷりと油（完全に乾くひまわり油などの乾性油）を取り、籐の表面に塗る。高級感あるアクセサリーや小物にするための大切なポイント。

### 毛羽を取る

やすりで研磨しても、籐の表面に細かい毛羽が残って気になるときは、一度霧を吹いて濡らしてから、写真のようにライターなどの火で軽くあぶり、毛羽を焼き落とすとよい。火傷や焼き過ぎに気をつける。

## ❀ 手入れ

### 汚れたら、やさしく手洗い

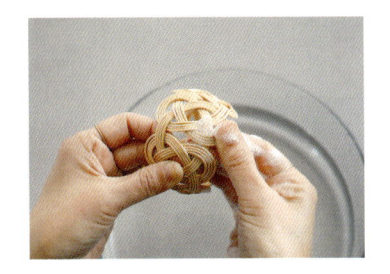

使い込むうちに籐が薄汚れてきたら、中性洗剤を使って表面をこするように汚れを落としてから、オイルを塗り直すとよい。洗っても黒ずみが取れない場合は、やすりをかけて表面を削ってからオイルを塗り直す。

---

## アレンジ

編み上がった籐小物をもっと楽しみたいなら、カラーリングがおすすめ。コーヒーや紅茶、緑茶に浸すだけでシックな色になる。染めた後、乾かしてからオイルを塗って仕上げる。

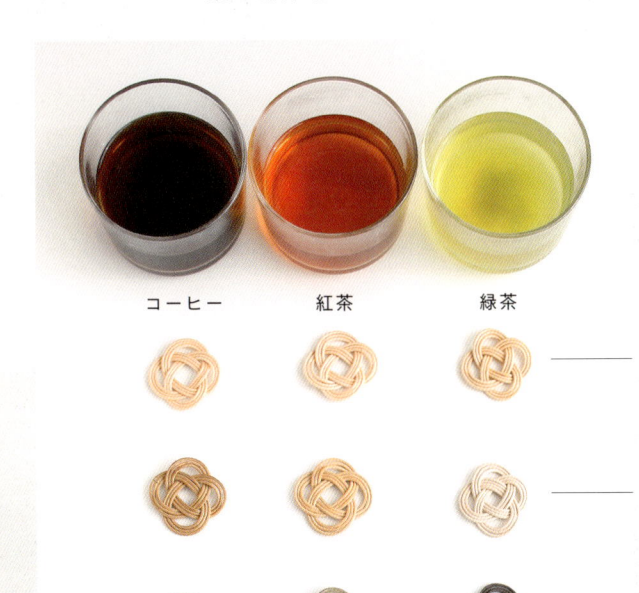

コーヒー　　　紅茶　　　緑茶

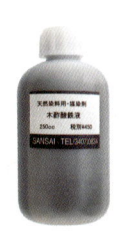

**木酢酸鉄液**（もくさくさんてつ）
植物染料（コーヒー、紅茶、緑茶）の鉄媒染液として使用。インターネットなどで購入可。

**染める前**
無垢の籐色はとてもナチュラル。

**1時間浸すと…**
熱いコーヒー、紅茶、緑茶に1時間浸すと、ほのかに色がつく。長時間浸すとさらに色合いが増す。

**媒染液を足すと…**（ばいせんえき）
コーヒー、紅茶、緑茶各100mlに、媒染液を各5ml加えて1時間浸したところ。色がさらに定着してグレー味を帯びる。

## アクセサリーの仕上げ方

p.41で紹介したアクセサリーパーツで説明しています。

*Point*

すべてのアクセサリーに共通

### ●イヤリング（ピアス）

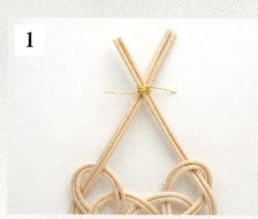

籐をワイヤーで結び留め、余分を切る。

**2** カツラの内側に多目的用接着剤を垂らす。

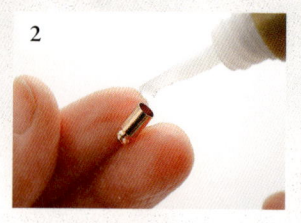

**3** 1のワイヤーを外し、籐の先をカツラに差し込む。

**4** 先細ペンチで丸カンを広げ、カツラの穴に通す。

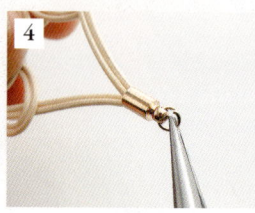

**5** 丸カンにピアス金具を付ける。

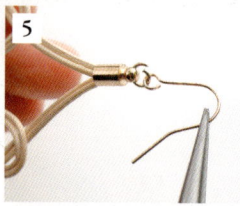

**6** 丸カンを締める。

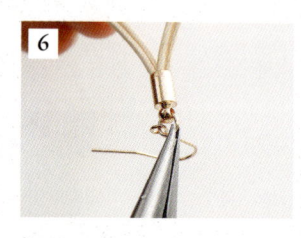

**7** 出来上がり。

### ●ブローチ

飾り結びのモチーフの裏側に多目的用接着剤でブローチピンをつける。縫い留めてもよい。

### ●ヘアコーム

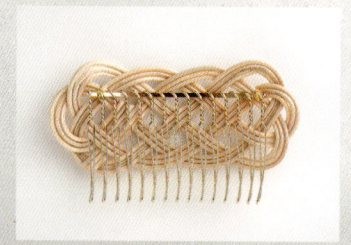

飾り結びのモチーフの裏側に多目的用接着剤でコームを付ける。縫い留めてもよい。

### ●ポシェット＆バッグ

ポシェットやバッグに飾り結びのモチーフを縫い留める。

＊ヘアゴムの仕上げ方は p.78参照

# 飾り結びのモチーフ別・作品の作り方

10 の飾り結びのモチーフ種類ごとにまとめました。
実物大写真のあるアクセサリーは、コピーして型紙を作り、
籐を当てながら編むために役立ててください。

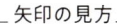 

## あわじ結び

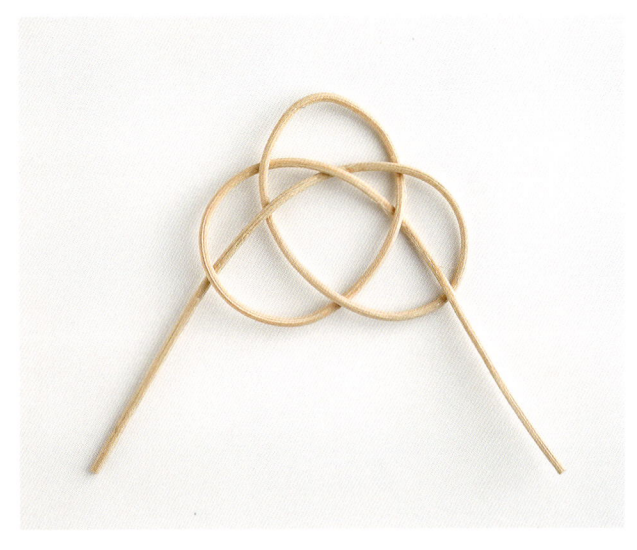

### あわじ結びの作り方

シンプルな形。後頁で紹介する
菜の花結び、平梅結び、木の葉結び、
亀結びなどのベースにもなります。

▼ 籐の中心

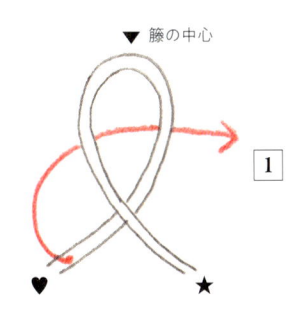

1

2

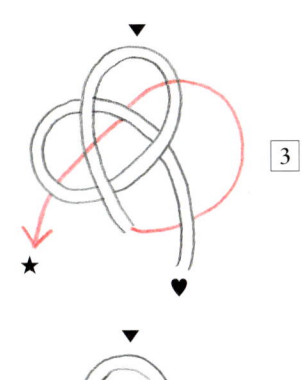

3

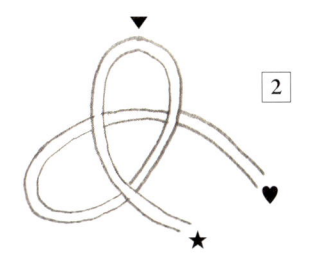

4

出来上がり

手を放しても
ほどけない

## ❀ かんざし（連続あわじ結び） 作品→p.15

〈 実物大 〉
表

4周目
3周目
2周目
1周目

中央付近にふくらみを出す。

**材料** 丸芯径1.5mm×280cm（1本編み）、かんざし棒
**出来上がりサイズ** 約7.5×5cm

あわじ結びをふたつ連続して編む（連続あわじ結びは
p.73参照）。1本で4周するので、編み始めは、片方の
端から約100cmのところをp.45・1の▼に合わせる
とよい。2周目以降は残った長い方を外側に沿わせて
編む。平らな藤を曲げるようにして、中央付近にふ
くらみを出すときれい。出来たらコーヒーで染め（染
め方はp.43参照）、モチーフを横向きにして編み目に
かんざし棒を通して仕上げる。

かんざし棒

裏

端は編み目にくぐらせて
固定し、表から見えない
位置で切る

端は編み目にくぐらせて
固定し、表から見えない
位置で切る

## ❀ 帯留め 作品→p.21

〈 実物大 〉

端は長さをそろえて切る

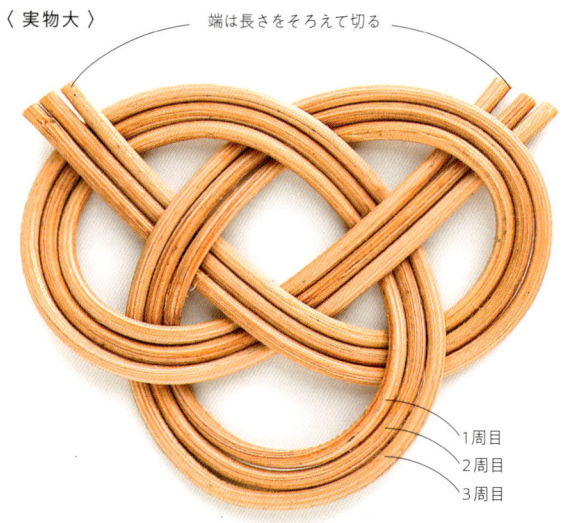

1周目
2周目
3周目

**材料** 丸芯径2.5mm×1周目45cm（2周目以降は各5cm
ずつ長く用意・3本編み）
**出来上がりサイズ** 約7.5×6cm

あわじ結びを3周編む。使うときは帯締めを編み目に
通す。

## 🏵 帯留め（連続あわじ結び）　作品→p.21

〈 実物大 〉
表

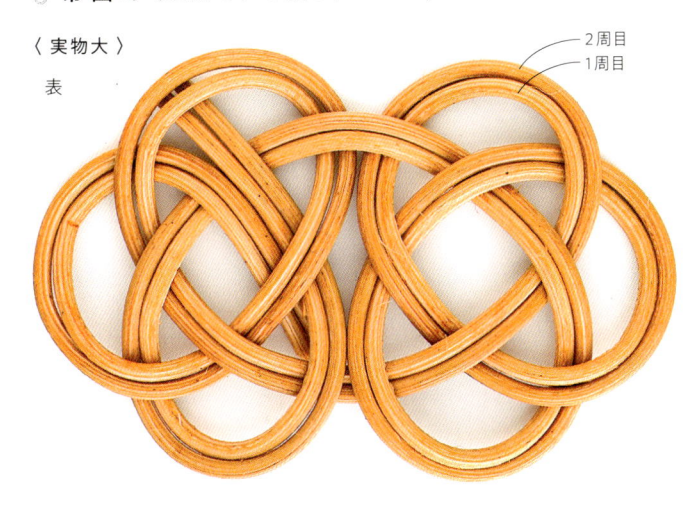

2周目
1周目

材料　丸芯径2.0mm×70cm 2本（2周目は5cm長く用意・2本編み）
出来上がりサイズ　約8.5×5.5cm

あわじ結びをふたつ連続して編む（連続あわじ結びはp.73参照）。出来たら紅茶で染める（染め方はp.43参照）。使うときは編み目に帯締めを通す。

裏

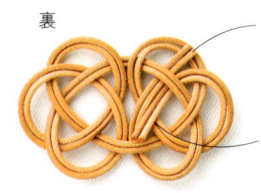

端は編み目にくぐらせて固定し、表から見えない位置で切る

端は編み目にくぐらせて固定し、表から見えない位置で切る

---

## 🏵 ギフトBOX　作品→p.32

端は約2cm残す

1周目
2周目
3周目

材料　丸芯径1.25mm×1周目30cm（2周目以降は各3cmずつ長く用意・3本編み）、好みの箱、紙、ひも
出来上がりサイズ（モチーフ本体）
約4.5×3cm

p.45を参照してあわじ結びを3周編む。端は長めに残して雰囲気を出す。編み目にひもを通し、紙を巻いた箱に結び留める。

## 🏵 ギフトBOX　作品→p.32

籐の端約6cmで輪を作る

1周目
2周目
3周目

端は裏側に差し込む

材料　丸芯径1.25mm×1周目35cm（2周目以降は各3cmずつ長く用意・3本編み）、好みの箱、紙、ひも
出来上がりサイズ（モチーフ本体）
約4.5×3cm

p.45を参照してあわじ結びを3周編む。端は長めに残して輪を作り、うさぎの耳のようにする。編み目にひもを通し、紙を巻いた箱に結び留める。

## 🏵 祝儀袋　作品→p.33

端は約3.5cm残す

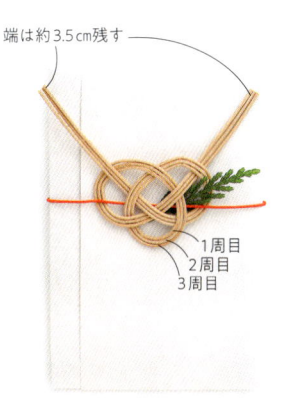

1周目
2周目
3周目

材料　丸芯径1.25mm×1周目35cm（2周目以降は各3cmずつ長く用意・3本編み）、好みの祝儀袋、ひも、飾りの葉
出来上がりサイズ（モチーフ本体）
約5×3cm

p.45を参照してあわじ結びを3周編む。端は長めに残して雰囲気を出す。編み目にひもを通し、祝儀袋に結び留めて葉を飾る。

＊あわじ結びのバングルの作り方はp.72～76をご覧ください。

# 菜の花結び

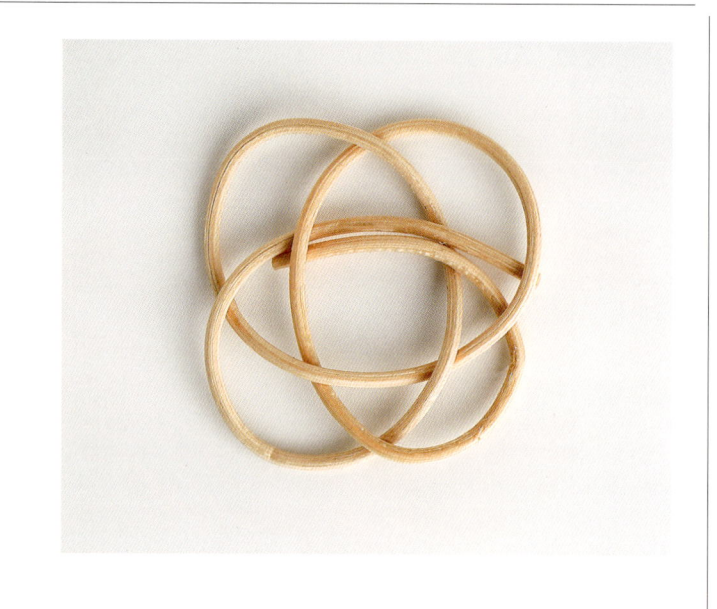

## 菜の花結びの作り方

あわじ結び（p.45）を展開させた
花のような形です。

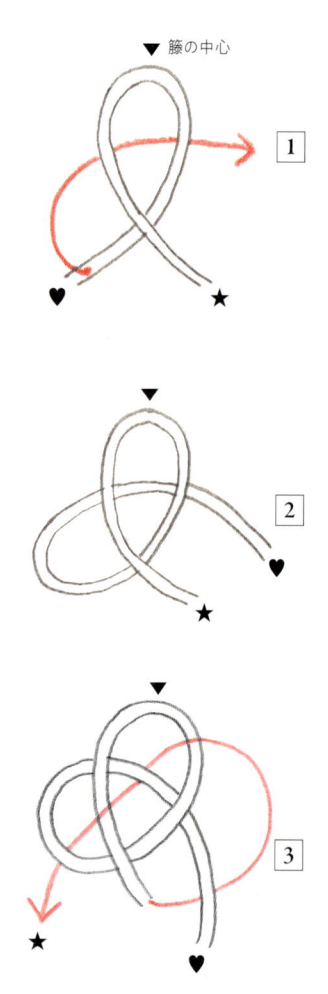

▼ 籐の中心

1

2

3

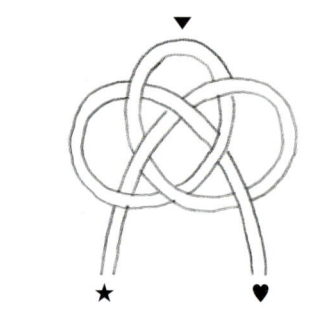

4

あわじ結びが出来た
ところ

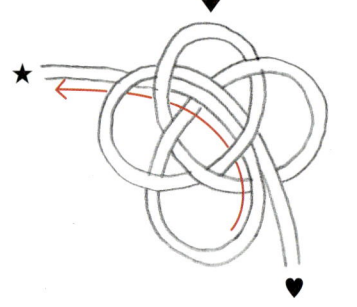

5

出来上がり

## ❀ イヤリング 作品→p.7

**材料**〈黒1個分〉丸芯径1.5㎜×95㎝（1本編み）、イヤリング金具
〈無垢色1個分〉丸芯径2.0㎜×100㎝（1本編み）、イヤリング金具
**出来上がりサイズ**　約径1㎝（黒）、約1.5㎝（無垢色）

両色とも手順は同じ。P.48の菜の花結びを1本で小さく4周編んで玉状にする。編み目が小さいので、1周目を籐のほぼ中心から編み始め、2周目以降は片方を外側に、もう片方を内側に添わせて編むとやりやすい。黒い方は、出来たらコーヒー＋木酢酸鉄液で染め（染め方はp.43参照）、乾いてから金具をつける。

イヤリング金具をつける

イヤリング金具をつける

編み終わりは、端を編み目に差し込む

4周目
2周目
1周目
3周目

●1週目の編み方

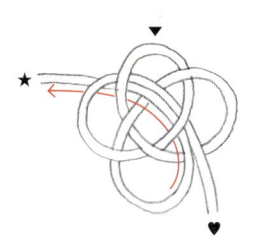

径約2.5㎝に小さく編む

●玉状に編むコツ

2周目からは編み目を詰めて編む。

2周目以降も編みながら形を丸く整える。

## ❀ ブローチ 作品→p.18

**材料**　丸芯径2.0㎜×240㎝（1本編み）、ブローチピン
**出来上がりサイズ**　約7.5×6㎝

p.48の菜の花結びを5周編む。1本で5周するので、編み始めは、片方の端から約50㎝のところをp.48・⓵の▼に合わせるとよい。2周目以降は残った長い方を外側に添わせて編む。出来たらコーヒーで染め（染め方はp.43参照）、裏側の編み目にブローチピンをつけて仕上げる。

1周目
2周目
3周目
4周目
5周目

〈 実物大 〉
表

裏

端は表から見えない位置で切る

ブローチピンをつける

端は表から見えない位置で切る

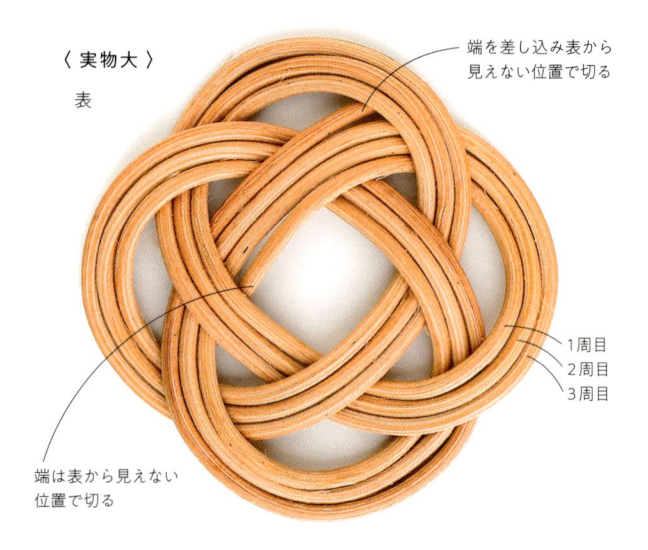

## ✿ 帯留め　作品→p.21

〈 実物大 〉
表

端を差し込み表から
見えない位置で切る

1周目
2周目
3周目

端は表から見えない
位置で切る

**材料**　丸芯径2.0 mm×150 cm（1本編み）
**出来上がりサイズ**　径約6.5 cm

p.48の菜の花結びを3周編む。1本で3周するので、編み始めは、片方の端から約50 cmのところをp.48・1の▼に合わせるとよい。2周目以降は残った長い方を外側に沿わせて編む。出来たら紅茶で染める（染め方はp.43参照）。使うときは帯締めを編み目に通す。

## ✿ リースの飾り　作品→p.30

端は表から見えない
位置で切る

1周目
2周目
3周目

端は表から見えない位置で切る

**材料**　丸芯径2.0 mm×1周目140 cm（2周目以降は各3cm長く用意・3本編み）
**出来上がりサイズ**　径約6 cm

p.48を参照して菜の花結びを3周編む。出来たら紅茶で染め（染め方はp.43参照）、フレッシュリースに飾る。

## ✿ ギフトBOX　作品→p.32

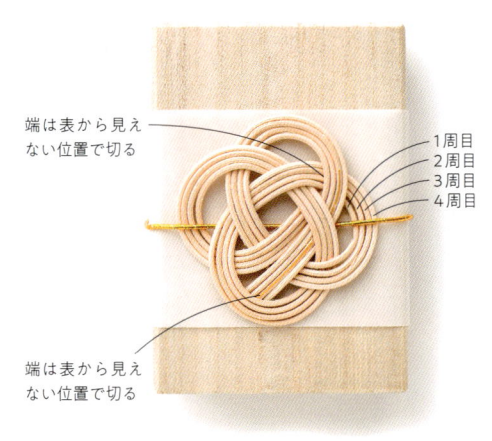

端は表から見え
ない位置で切る

1周目
2周目
3周目
4周目

端は表から見え
ない位置で切る

**材料**　丸芯径1.25 mm×1周目40 cm（2周目以降は各3cmずつ長く用意・4本編み）、好みの箱、紙、ひも
**出来上がりサイズ**　径約4.5 cm

p.48の菜の花結びを4周編む。編み目にひもを通し、紙を巻いた箱に結び留める。

＊菜の花結びのヘアゴムはp.77、菜の花結びのリングはp.78で説明しています。

# 袈裟結び
（けさ）

## 袈裟結びの作り方

あわじ結び（p.45）を展開した形。輪の数を減らしたり、
編み目の大きさを変えたり応用ができます。

▼ 籐の中心

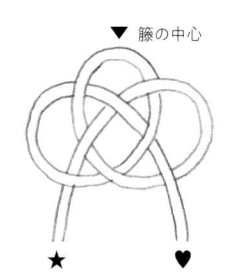

★　♥

**1**
p.45を参照してあわ
じ結びを作る

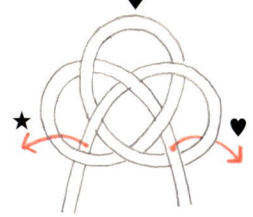

★　♥

**2**
両端を輪からぬく（ぬ
きあわじ結び）

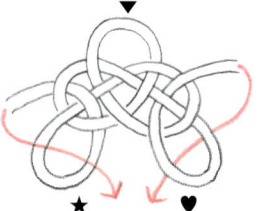

★　♥

**3**
右の籐は輪の下に、
左の籐は輪の上に置く

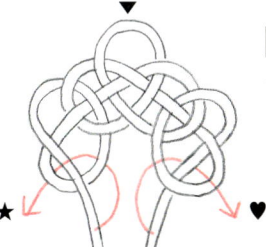

★　♥

**4**
矢印通りに通して輪
を作る

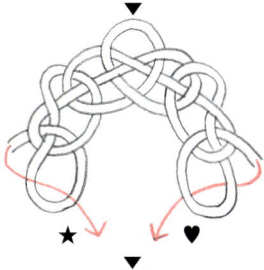

★　♥

**5**
右の籐は輪の下に、
左の籐は輪の上に置く

★

**6**
籐を交差し、右を矢
印通りに通す

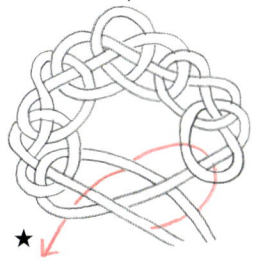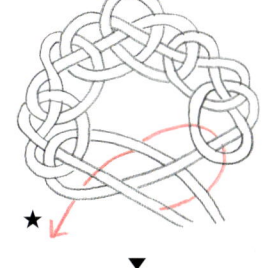

★

**7**
もう一方も矢印の方
向に通す

**8**
出来上がり

**端の留め方**
籐端で輪を作り、編
み目にくぐらせる

そろえる　　1周目
　　　　　　2周目

**複数編みで2周目を
編むときは…**
片方の端を短く切り、
2本目の端をそろえ
て編み始める
3周目からも同様に
する

## ✿ イヤリング　作品→p.7

〈 実物大 〉
表

カツラ、丸カン、チャーム、
イヤリング金具をつなげてつける

端は約1.5cm残す

1周目
2周目

**材料**〈1個分〉　丸芯径1.25mm×1周目70cm（2周目以降は各5cmずつ長く用意・2本編み）、イヤリング金具、Cカン、チャーム、カツラ
**出来上がりサイズ**　約4×6cm

p.51を参照して袈裟結びを2周編む。編み目を調整して中央のあきを小さくする。出来たらコーヒーで染める（染め方はp.43参照）。端をカツラに差し込み、チャーム、丸カン、イヤリング金具をつける。

## ✿ イヤリング　作品→p.7

〈 実物大 〉
表

カツラ、丸カン、イヤリング金具をつなげてつける

端を輪にくぐらせる

端は約2cm残す

端を輪にくぐらせる

1周目
2周目
3周目

**材料**〈1個分〉　丸芯径1.25mm×1周目55cm（2周目以降は各5cmずつ長く用意・3本編み）、イヤリング金具、丸カン、カツラ
**出来上がりサイズ**　約5×6cm

p.51の袈裟結びの①～④の工程を編む。出来たら、コーヒー＋木酢酸鉄液で染める（染め方はp.43参照）。端は約2cm残してカツラに差し込み、丸カン、イヤリング金具をつける。

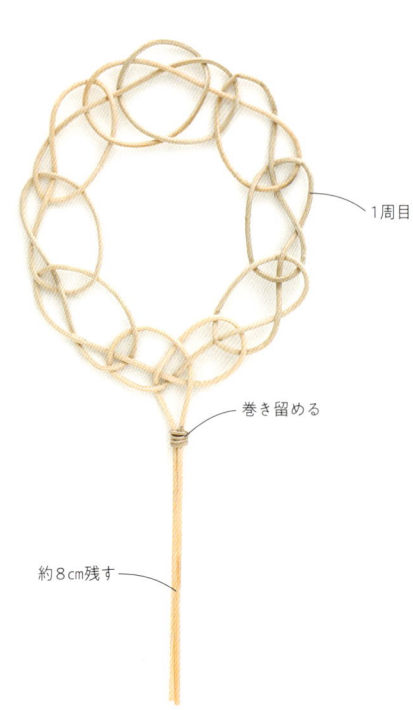

1周目

巻き留める

約8cm残す

## ✿ ディフューザー　作品→p.29

**材料**　丸芯径1.5mm×140cm（1本編み）、丸芯径1.25mm適宜（巻き留め用）
**出来上がりサイズ**　（モチーフ本体）径約10cm、（全体）約18cm

p.51を参照して袈裟結びをゆるく1周編む。端は長めに残し、モチーフの足元を1.25mmの籐で巻き留める。

## ◎ スワッグの飾り　作品→p.31

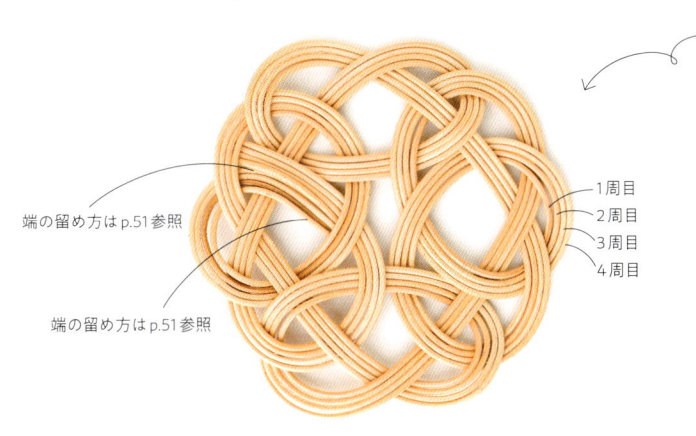

端の留め方はp.51参照

端の留め方はp.51参照

1周目
2周目
3周目
4周目

**材料**　丸芯径2.0mm×1周目135cm（2周目からは各5cmずつ長く用意・4本編み）
**出来上がりサイズ**　径約11cm

p.51を参照して袈裟結びを4周編む。出来たら植物を束ねて作ったスワッグに飾る。

## ◎ ブローチ　作品→p.18

〈 実物大 〉
表

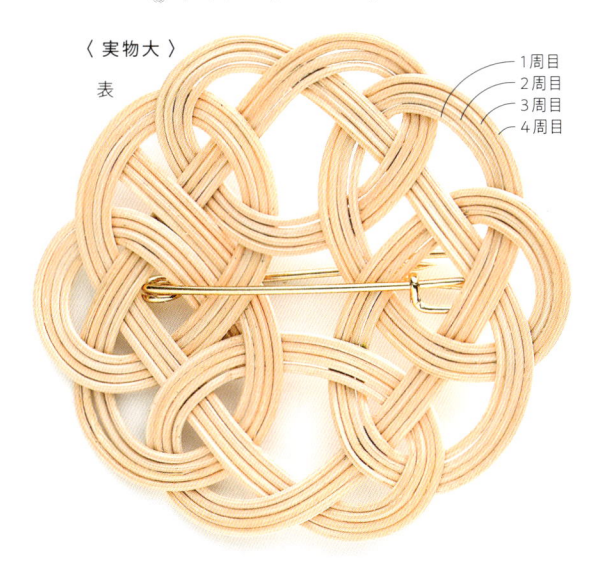

1周目
2周目
3周目
4周目

裏　ブローチピンをつける

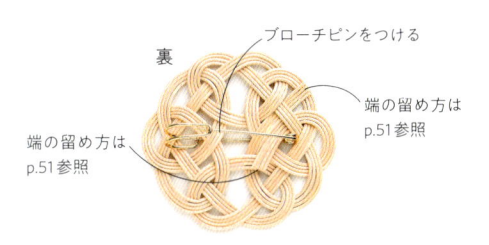

端の留め方はp.51参照

端の留め方はp.51参照

**材料**　丸芯径1.25mm×1周目90cm（2周目以降は各5cmずつ長く用意・4本編み）、ブローチピン
**出来上がりサイズ**　径約7.5cm

p.51を参照して袈裟結びを4周編む。編み目を調整して中央のあきを小さくする。ブローチピンを編み目に通して仕上げる。

## ◎ 祝儀袋　作品→p.33

2周目
1周目

端の留め方はp.51参照

**材料**　丸芯径1.25mm×1周目80cm（2周目は3cm長く用意・2本編み）、好みの祝儀袋、ひも、飾りの葉
**出来上がりサイズ**　径約5.5cm

p.51を参照して袈裟結びを2周編む。編み目を調整して中央のあきを小さくする。編み目にひもを通し、祝儀袋に結び留めて葉を飾る。

# 平梅結び
（ひら うめ）

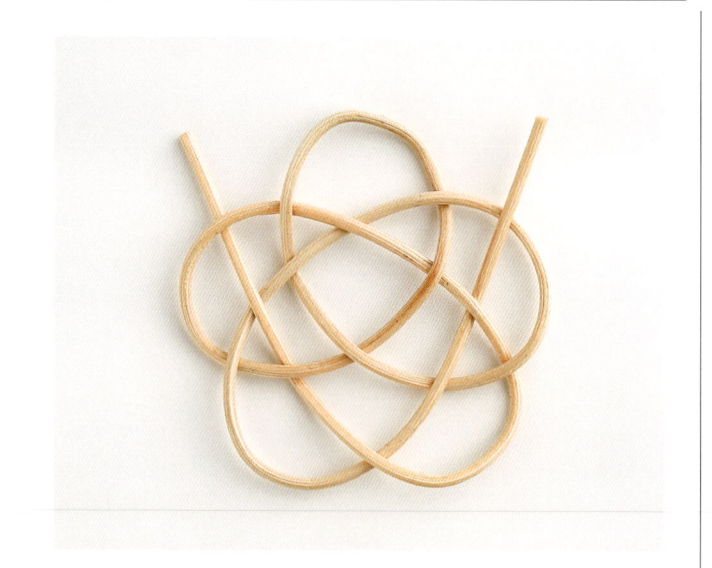

## 平梅結びの作り方

あわじ結び（p.45）を展開した
梅の花のような形です。

▼ 籐の中心

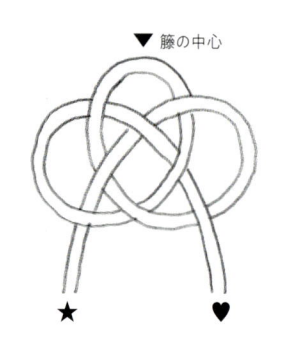

**1**

p.45を参照してあわ
じ結びを作る

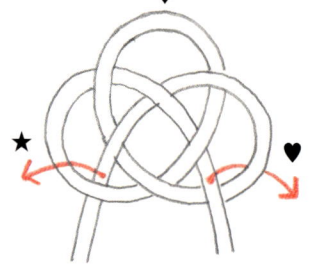

**2**

両端を輪からぬく（ぬ
きあわじ結び）

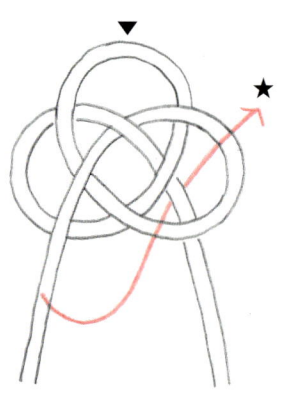

**3**

一方の端を矢印通り
にはこぶ

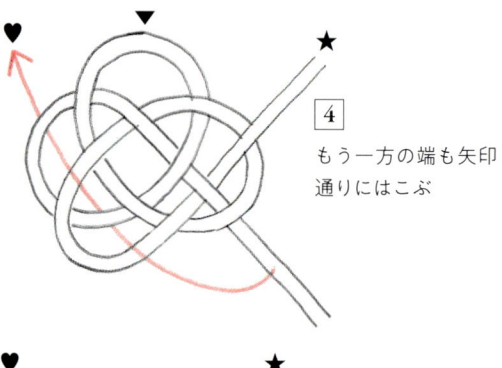

**4**

もう一方の端も矢印
通りにはこぶ

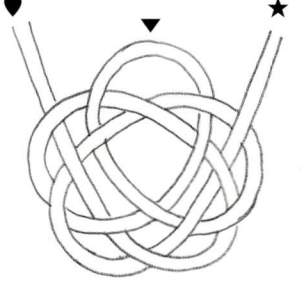

**5**

出来上がり

## ❀ イヤリング　作品→p.7

〈 実物大 〉

カツラ、丸カン、イヤリング金具をつなげてつける

端は約1cm残す

1周目
2周目

下の輪を大きく編む

**材料**　丸芯径1.25mm×1周目50cm（2周目は5cm長く用意・2本編み）、イヤリング金具、丸カン、カツラ
**出来上がりサイズ**　約3.5×4cm

p.54を参照して平梅結びを2周編む。左右下の輪を大きくして形をアレンジする。出来たら端をカツラに差し込み、丸カン、イヤリング金具をつける。

## ❀ 帯留め　作品→p.20

〈 実物大 〉

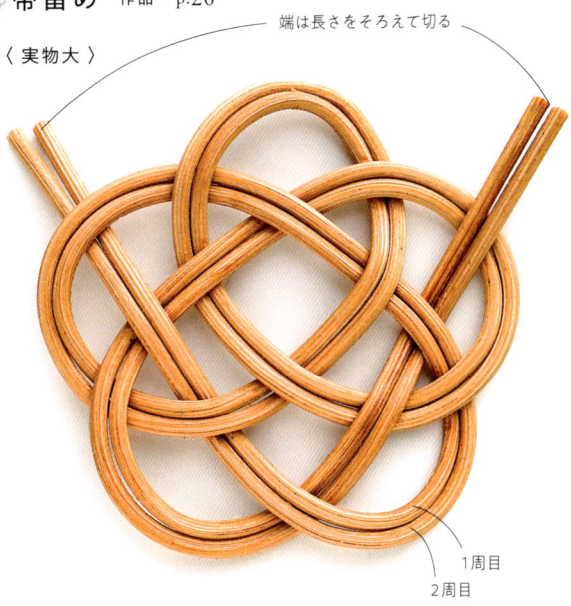

端は長さをそろえて切る

1周目
2周目

**材料**　丸芯径2.0mm×1周目65cm（2周目は5cm長く用意・2本編み）
**出来上がりサイズ**　径約6.5cm

p.54を参照して平梅結びを2周編む。出来たら紅茶で染める（染め方は p.43参照）。使うときは編み目に帯締めを通す。

## ❀ 祝儀袋　作品→p.33

端は長さをそろえて切る

1周目
2周目

**材料**　丸芯径1.25mm×1周目50cm（2周目は3cm長く用意・2本編み）、祝儀袋、ひも、紙、飾りの植物
**出来上がりサイズ**　径約4.5cm

p.54を参照して平梅結びを2周編む。編み目にひもを通し、祝儀袋に結び留めて飾りの植物を飾る。

# 木の葉結び
（こ）（は）

## 木の葉結びの作り方

あわじ結び（p.45）を展開した
葉のような形です。

▼ 籐の中心

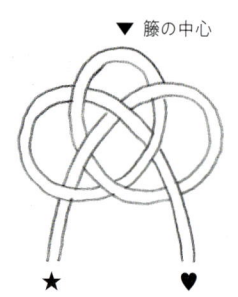

1

p.45を参照してあわじ
結びを作る

★ ♥

4

一方を矢印通りに通す

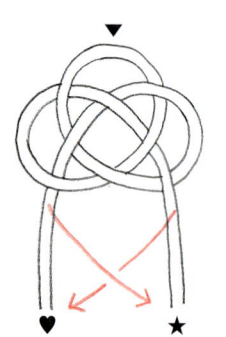

2

端を矢印の方向に交差
する

♥ ★

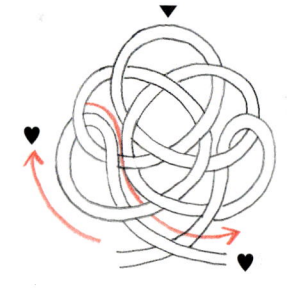

5

もう一方を矢印通りに
通す

3

♥ ★

6

数回繰り返して出来上
がり

★ ♥

**端の留め方**
籐端で輪を作り、編
み目にくぐらせる

## ❀ イヤリング　作品→p.7

〈 実物大 〉

端は約1cm残す

カツラ、丸カン、チャーム、
イヤリング金具をつなげてつける

1周目
2周目

**材料**　丸芯径1.25mm×1周目70cm（2周目は5cm長く
用意・2本編み）、イヤリング金具、丸カン、カツラ、
チャーム
**出来上がりサイズ**　約4×4.5cm

p.56を参照して木の葉結びを2周編む。出来たら端
をカツラに差し込み、丸カン、チャーム、イヤリン
グ金具をつける。

細い籐で巻き
留める

約9cm残す

## ❀ バレッタ　作品→p.15

〈 実物大 〉
表

1周目
2周目
3周目

裏

端の留め方はp.56参照

細い籐で巻き
留める

バレッタの金具
をつける

端の留め方はp.56参照

**材料**　丸芯径1.5mm×1周目85cm（2周目からは各5
cmずつ長く用意・3本編み）、丸芯径1.25mm適宜（巻
き留め用）、バレッタの金具
**出来上がりサイズ**　約7.5×5cm

p.56を参照して木の葉結びを3周編む。バレッタの
金具をつけて仕上げる。

## ❀ ディフューザー　作品→p.29

**材料**　丸芯径1.5mm×155cm（1本編み）、丸芯径1.25
mm適宜（巻き留め用）
**出来上がりサイズ**　約6×18cm

p.56を参照して木の葉結びを編み目をゆるく1周
編む（左ページ[2]～[5]工程を繰り返して編み目
の数を増やす）。端を長く残し、モチーフの足元
を細い籐で巻き留める。

# 籠目結び
（かごめ）

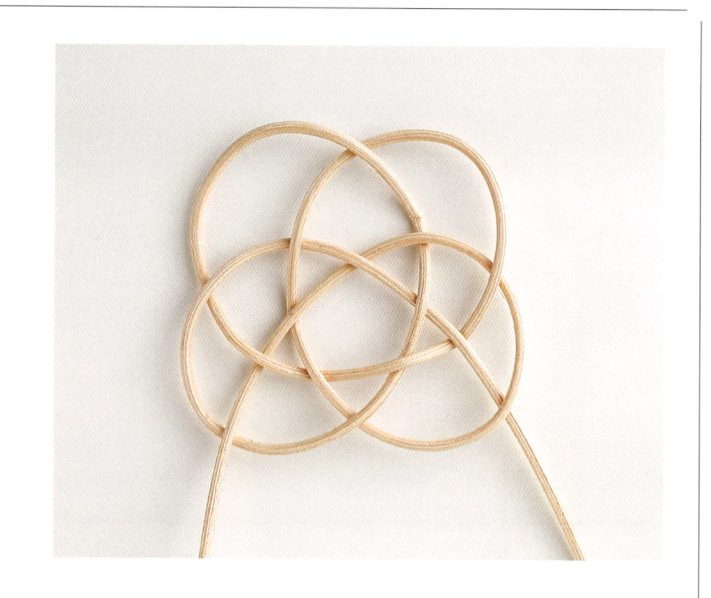

## 籠目結びの作り方

籠のような編み目の形。
厄除けになるといわれます。

▼ 籐の中心

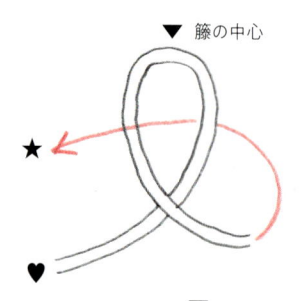

**1**

輪を作り、矢印の方向に通す

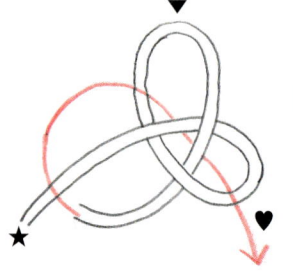

**2**

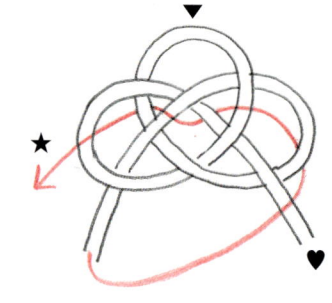

**3**

一方の端を編むように上下くぐらせる

**4**

出来上がり
1本編みの場合は、2周目から★側の籐を内側に、♥側の籐を外側に沿わせていく

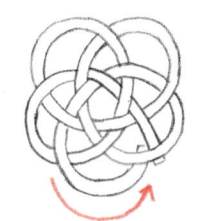

**端の留め方**
長い方の端で輪を作る

**複数編みで2周目を編むときは…**
片方の端を短く切り、2本目の端をそろえて編み始める
3周目からも同様にする

1周目
2周目
そろえる

## ✿ リング　作品→p.10

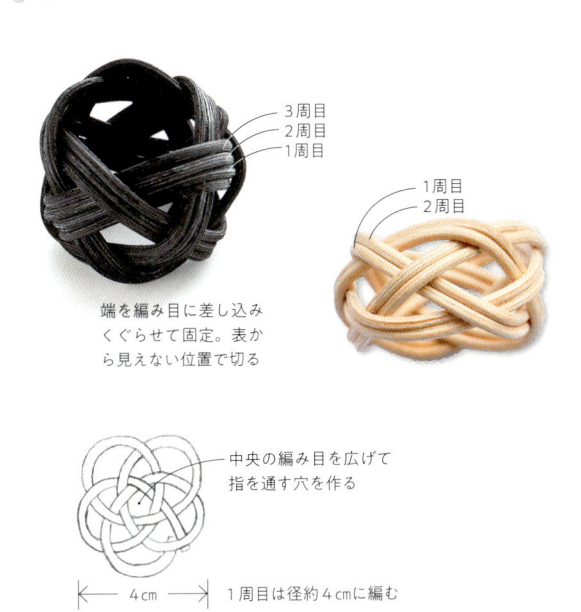

3周目
2周目
1周目

1周目
2周目

端を編み目に差し込み
くぐらせて固定。表か
ら見えない位置で切る

中央の編み目を広げて
指を通す穴を作る

←　4cm　→　1周目は径約4cmに編む

**材料**　〈黒〉丸芯径1.5mm×130cm（1本編み）、〈無垢色〉丸芯径1.25mm×90cm（1本編み）
**出来上がりサイズ**　径約2cm

黒いリングは、p.58を参照して、編み目を詰めながら籠目結びを小さく3周編む。1本で3周するので、編み始めは、片方の端から約65cmのところをp.58・1の▼に合わせるとよい。2周目からは残った長い方を外側に沿わせて編む。リング作りのポイントや指を通す穴の作り方はp.78～79参照。出来たらコーヒー＋木酢酸鉄液で染める（染め方はp.43参照）。
白いリングも編み方の手順は同じ。1本で2周するので、編み始めは、片方の端から約25cmのところをp.58・1の▼に合わせるとよい。

## ✿ ブローチ　作品→p.18

〈 実物大 〉
表

1周目
2周目
3周目
4周目
5周目

**材料**　丸芯径1.5mm×1周目55cm（2周目以降は各5cmずつ長く用意・5本編み）、ブローチピン
**出来上がりサイズ**　径約6cm

p.58を参照して籠目結びを5周編む。ブローチピンをつけて仕上げる。

裏

ブローチピンをつける

端の留め方はp.58参照

端の留め方はp.58参照

## ✿ ピンクッション　作品→p.28

端の留め方は p.58 参照

端の留め方は p.58 参照

2 cm

4周目
3周目
2周目
1周目

針山

**材料**　丸芯径 1.75 mm × 1周目 75 cm（2周目以降は各 5 cm ずつ長く用意・4本編み）、木綿地と綿各適宜
**出来上がりサイズ**（モチーフ）　径約 8.5 cm

p.58 を参照して籠目結びを4周編む。編みながら平らな籐を曲げるようにして、器のような高さ（約2cm）を出す。出来たらコーヒー＋木酢酸鉄液で染める（染め方は p.43 参照）。
木綿地で綿を包んで写真のような針山を作り、編んだモチーフにのせる。

## ✿ リースの飾り　作品→p.30

〈 実物大 〉

1周目
2周目
3周目

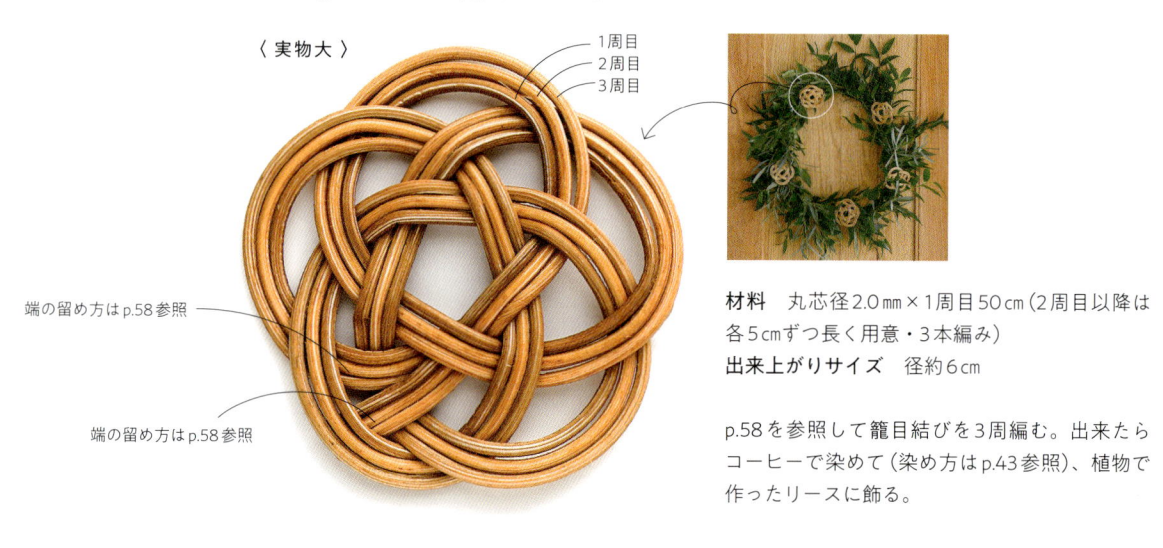

端の留め方は p.58 参照

端の留め方は p.58 参照

**材料**　丸芯径 2.0 mm × 1周目 50 cm（2周目以降は各 5 cm ずつ長く用意・3本編み）
**出来上がりサイズ**　径約 6 cm

p.58 を参照して籠目結びを3周編む。出来たらコーヒーで染めて（染め方は p.43 参照）、植物で作ったリースに飾る。

## ✿ ギフト BOX　作品→p.32

端の留め方は p.58 参照

1周目
2周目
3周目

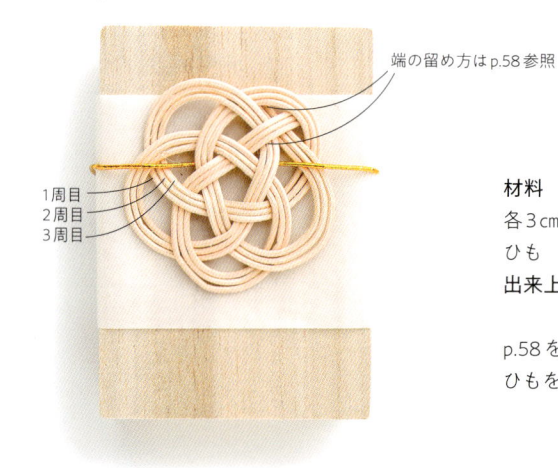

**材料**　丸芯径 1.25 mm × 1周目 45 cm（2周目以降は各 3 cm ずつ長く用意・3本編み）、好みの箱、紙、ひも
**出来上がりサイズ**　径約 4.5 cm

p.58 を参照して籠目結びを3周編む。編み目にひもを通し、紙を巻いた箱に結び留める。

# 亀結び

## 亀結びの作り方

あわじ結びを展開した亀の甲羅のような形です。

▼ 籐の中心

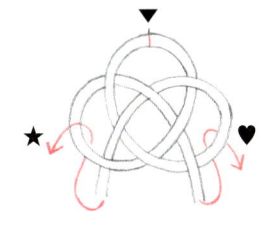

1

P45を参照してあわじ結びを作る

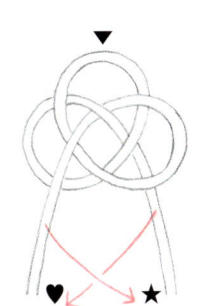

2

両端を輪からぬく(ぬきあわじ結び)

3

左右の籐を交差する

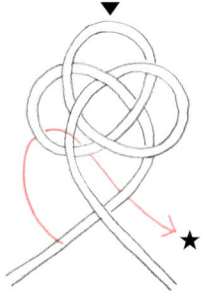

4

一方を矢印通りにはこぶ

5

もう一方を矢印通りにはこぶ

6

出来上がり

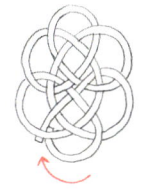

**端の留め方**
残った端で輪を作る

1周目
2周目
そろえる

**複数編みで2周目を編むときは…**
片方の端を短く切り、2本目の端をそろえて編み始める
3周目からも同様にする

## ✿ イヤリング 作品→p.7

〈 実物大 〉

カツラ、丸カン、イヤリング
金具をつなげてつける

端は約1cm残す

1周目
2周目

**材料** 丸芯径1.25mm×1周目50cm（2周目から
は各5cmずつ長く用意・2本編み）、イヤリング
金具、丸カン、カツラ
**出来上がりサイズ** 約4×5cm

p.61を参照して亀結びを2周編む。出来たら端
をカツラに差し込み、丸カン、イヤリング金具
をつける。

## ✿ かんざし 作品→p.15

〈 実物大 〉

1周目
2周目
3周目
4周目

中央付近にふくらみ
を出す

端の留め方は
p.61参照

**材料** 丸芯径1.5mm×1周目65cm（2周目以降は
各5cmずつ長く用意・4本編み）、かんざし棒
**出来上がりサイズ** 約6×5cm

p.61を参照して亀結びを4周編む。編みながら
平らな面を少し曲げてふくらみをもたせるとき
れい。出来たら紅茶＋木酢酸鉄液で染める（染
め方はp.43参照）。編み目にかんざし棒を通して
仕上げる。

## ✿ ブローチ 作品→p.18

**材料** 丸芯径2.0mm×1周目80cm、（2周目以降
は各5cm長く用意・3本編み）、ブローチピン
**出来上がりサイズ** 約9×7cm

p.61を参照して亀結びを3周編む。出来たら紅
茶で染める（染め方はp.43参照）。ブローチピ
ンをつけて仕上げる。

〈 実物大 〉

表

1周目
2周目

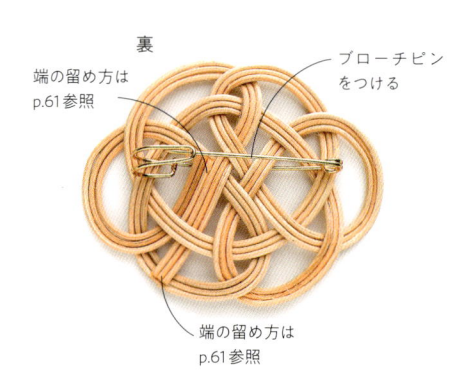

裏

端の留め方は
p.61参照

ブローチピン
をつける

端の留め方は
p.61参照

## ✿ バングル（連続亀結び） 作品→p.13

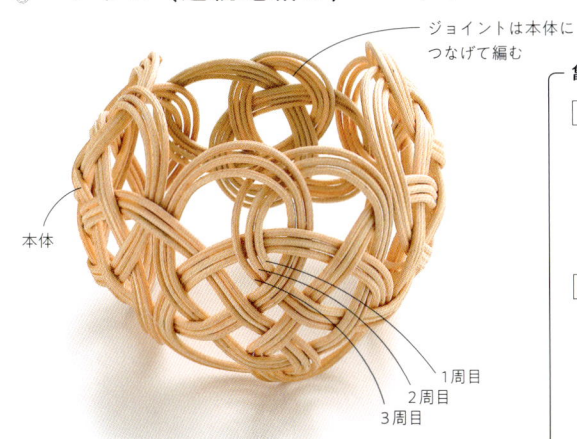

ジョイントは本体に
つなげて編む

本体

1周目
2周目
3周目

**材料** 本体／丸芯径1.75mm×1周目185cm（2周目以降は各5cmずつ長く用意・3本編み）、ジョイント／丸芯径1.25mm×90cm（1本編み）
**出来上がりサイズ** 本体約18×5cm、ジョイント約6×3cm

まず本体を作る。p.61と右図を参照して亀結びを3つ連続させ3周編む（本体作りのポイントはp.72～74参照）。出来たらジョイントを編む（ジョイントの作り方はp.75～76参照）。

## ✿ リング 作品→p.10

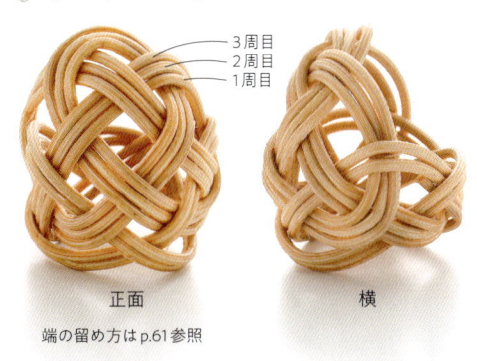

3周目
2周目
1周目

正面　　　　横
端の留め方はp.61参照

**材料** 丸芯径1.75mm×140cm（1本編み）
**出来上がりサイズ** 径約1.5～2.0cm

p.61を参照して亀結びを小さく3周編む。1本で3周するので、編み始めは、片方の端から約70cmのところをp.45・①の▼に合わせるとよい。2周目からは残った長い方を外側に沿わせて編む。リングの形の作り方や指を通す穴の作り方はp.78～79参照。

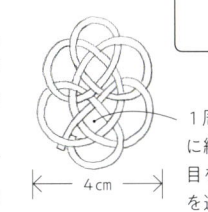

1周目を径約4cmに編み、この編み目を大きくして指を通す穴にする

← 4cm →

## ふたつ目の亀結びの編み方

① ♥ ★

② ♥ ★

③ ♥

④ ★

⑤ ♥ ★

⑥ ★ ♥

## 連続亀結びのバングル本体
*1本編みで説明

〈 実物大 〉

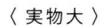

○同士、□同士の重なりをそろえる

三つ目の亀結びは、P61と上の写真の編み目を参照して編む。端の留め方はp.61参照。

約3cm残して切る

# 四角結び

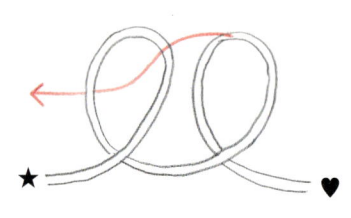

## 四角結びの作り方

斜め方向に編み込んだ
四角い形です。

---

**1**

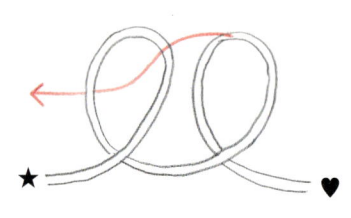

★側を約15cm残し、長い方の♥側で編み始める。輪を2つ作り、(このとき、それぞれの上下の重なりに気をつける)、右の輪に左の輪を矢印通りに通す

**2**

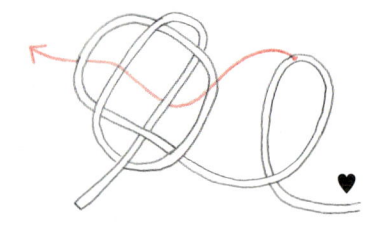

さらに右側に輪をつくり、矢印通りに通す

**3**

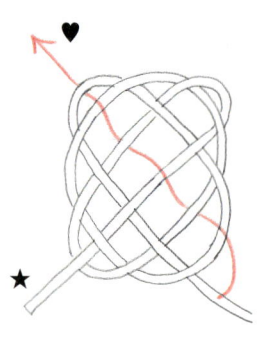

さらに右側の端を、矢印通りに通す

**4**

出来上がり

---

## ブローチ 作品→p.18

〈実物大〉
表

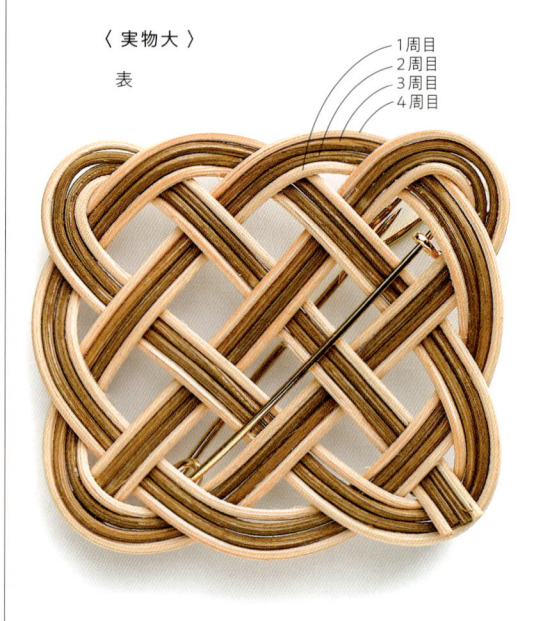

1周目
2周目
3周目
4周目

裏

ブローチピンをつける

2、3周目はコーヒー＋木酢酸鉄液で染めた籐を使う

端は編み目の際で切る

**材料** 丸芯径1.5mm×1周目65cm(2周目以降は各5cmずつ長く用意・4本編み)、ブローチピン
**出来上がりサイズ** 約5×6cm

4本のうち2本(2周目と3周目)を、編む前にコーヒー＋木酢酸鉄液で染める(染め方はp.43参照)。左図を参照して四角結びを4周編む。裏にブローチピンをつけて仕上げる。

## ❀ ネックレス（トップ） 作品→p.24

〈 実物大 〉

ネックレスコードをつける

1周目
2周目
3周目

端は編み目の際で切る

端は編み目の際で切る

ポンポンを多目的接着剤でつける

材料　丸芯径1.25mm×1周目60cm（2周目以降は各5cmずつ長く用意・3本編み）、飾りのポンポン2個、好みのネックレスコード
**出来上がりサイズ**　約4×5cm

p.64を参照して四角結びを3周編む。出来たら角2か所にポンポンをつけ、好みのネックレスコードをつなぐ。

材料　丸芯径1.5mm×1周目65cm（2周目は5cm長く用意・2本編み）、他の材料と出来上がりサイズは〈左〉と同じ。四角結びを2周編み、ポンポンとネックレスコードをつける。

## ❀ マット 作品→p.26

端は編み目の際で切る

1周目
2周目
3周目
4周目
5周目
6周目
7周目

端は編み目の際で切る

材料　丸芯径3.0mm×1周目155cm（2周目以降は各5cmずつ長く用意・7本編み）
**出来上がりサイズ**　約16×17cm

p.64を参照して四角結びを7周編む。しばらく重石をして平らにすると使いやすい。

## ❀ コースター 作品→p.26

端は編み目の際で切る

1周目
2周目
3周目
4周目
5周目
6周目
7周目

端は編み目の際で切る

材料　丸芯径2.0mm×1周目100cm（2周目以降は各5cmずつ長く用意・7本編み）
**出来上がりサイズ**　約10×11cm

p.64を参照して四角結びを7周編む。しばらく重石をして平らにすると使いやすい。

## ❀ 祝儀袋 作品→p.33

1周目
2周目

端は編み目の際で切る

材料　丸芯径1.5mm×1周目60cm（2周目は3cm長く用意・2本編み）、祝儀袋、ひも、飾りの葉
**出来上がりサイズ**　約5×6cm

p.64を参照して四角結びを2周編む。編み目にひもを通して祝儀袋に結び留め、葉を飾る。

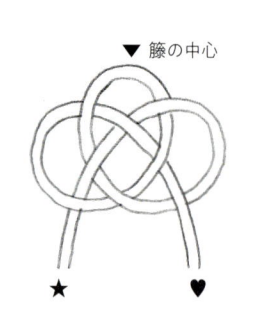

# 髪飾り結び

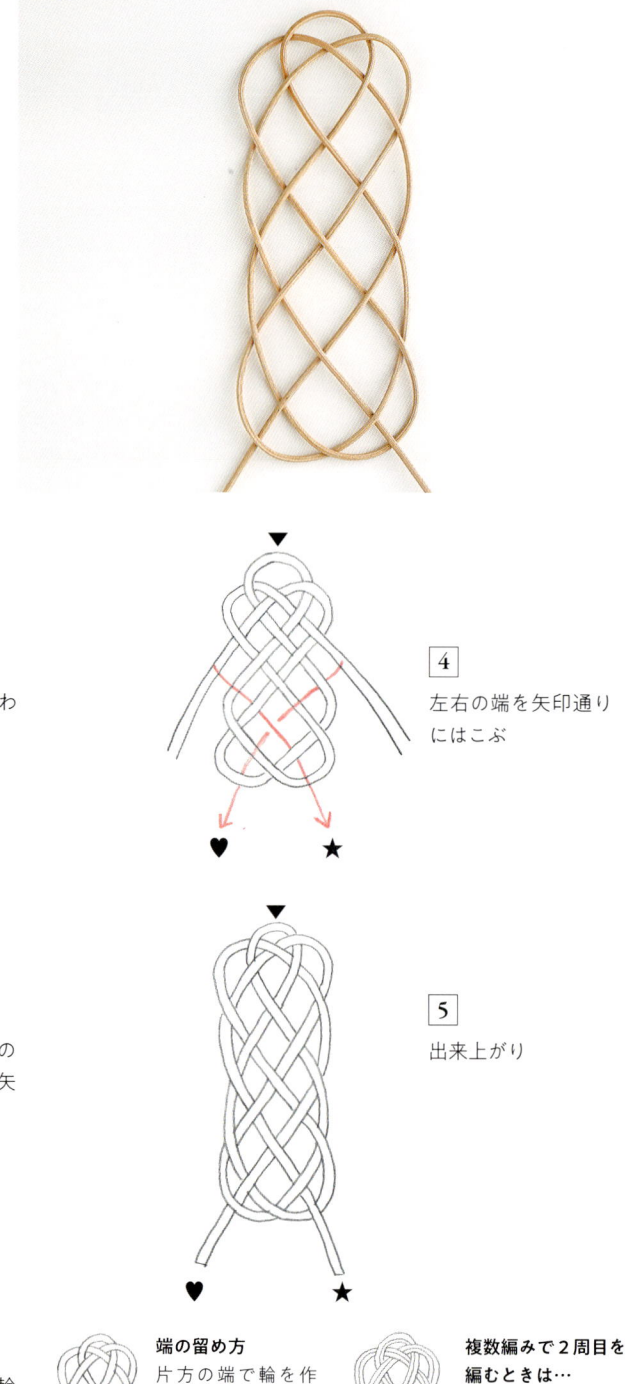

## 髪飾り結びの作り方

籐を斜め方向に編んだ細長い楕円形です。

▼ 籐の中心

1 p.45を参照してあわじ結びを作る

2 あわじ結びの左右の輪を大きくして、矢印の方向にねじる

ねじる

3 左側の輪を右側の輪に重ねる

4 左右の端を矢印通りにはこぶ

5 出来上がり

**端の留め方**
片方の端で輪を作り、線に沿わせて固定する。

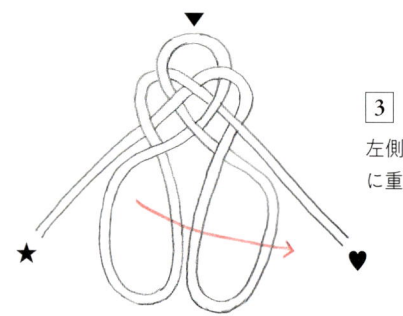

**複数編みで2周目を編むときは…**
片方の端を短く切り、2本目の端をそろえて編み始める
3周目からも同様にする

そろえる　　1周目　2周目

## ✿ バングル　作品→p.13

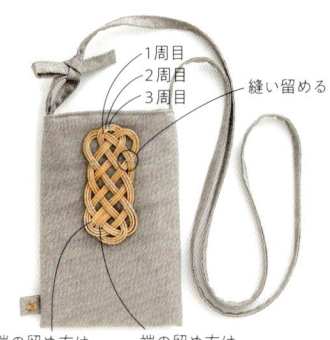

ジョイントは本体に
つなげて編む

1周目
2周目
3周目

本体

**材料**　本体／丸芯径2.0㎜×1周目120cm（2周目以降は各5cmず
つ長く用意・3本編み）、ジョイント／丸芯径1.25㎜×100cm
**出来上がりサイズ** 本体約15×6cm、ジョイント約6×3cm

まず本体を作る。p.66と右図を参照して髪飾り結びを作る（本体
作りのポイントはp.72〜74参照）。出来たら細い籐で菜の花結び
のジョイントを編む（ジョイント作り方はp.75〜76参照）。

## ✿ ポシェット　作品→p.22

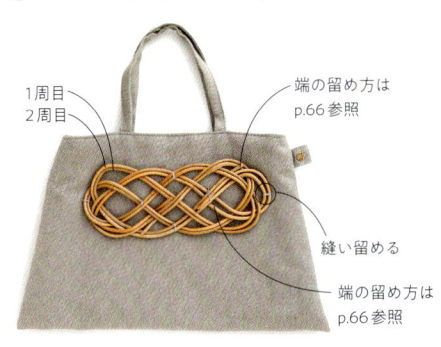

1周目
2周目
3周目

縫い留める

端の留め方は
p.66参照

端の留め方は
p.66参照

**材料**　丸芯径1.5㎜×1周目80cm（2
週目以降は各5cmずつ長く用意・3
本編み）、布製ポシェット
**出来上がりサイズ**　約4×9.5cm

p.66を参照して髪飾り結びを3周編
み、出来たらコーヒーで染める（染
め方はp.43参照）。布のポシェット
に縫い留める。

## ✿ ミニバッグ　作品→p.22

1周目
2周目

端の留め方は
p.66参照

縫い留める

端の留め方は
p.66参照

**材料**　丸芯径2.0㎜×270cm（1本編み）、布製ミニバッグ
**出来上がりサイズ**　約6×15cm

p.66を参照して髪飾り結びを編む。1本編みで2周するので、
編み始めは、片方の端から約65cmのところをp.45・①の
▼に合わせるとよい。2周目は残った長い方を外側に沿わ
せて編む。
出来たらコーヒーで染め（染め方はp.43参照）、布のミニ
バッグの縫い留める。

---

### 髪飾り結びのバングル本体

＊1本編みで説明

〈 実物大 〉

2周目の編み始め方、端の留め方はp.66参照。

## ❀ ブローチ　作品→p.18

〈実物大〉
表

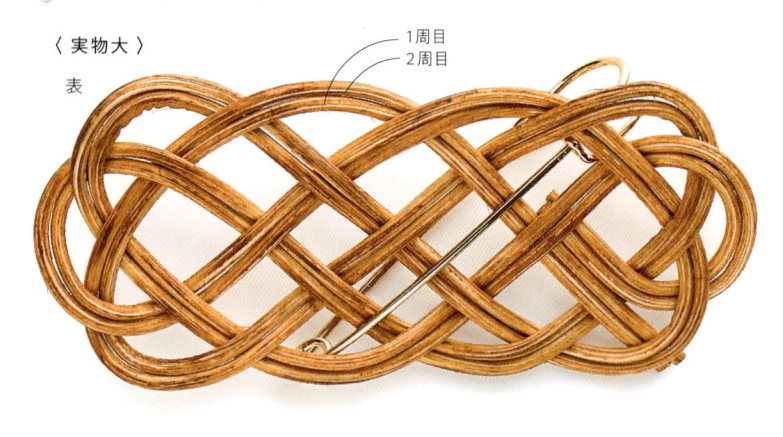

1周目
2周目

**材料**　丸芯径2.0mm×1周目85cm（2周目以降は各5cm長く用意・2本編み）、ブローチピン
**出来上がりサイズ**　約4×9.5cm

p.66を参照して髪飾り結びを2周編み、出来たらコーヒーで染める（染め方はp.43参照）。裏からブローチピンをつけて仕上げる。

裏

端の留め方は
p.66参照

ブローチピンを
つける

## ❀ ヘアコーム　作品→p.15

〈実物大〉
表

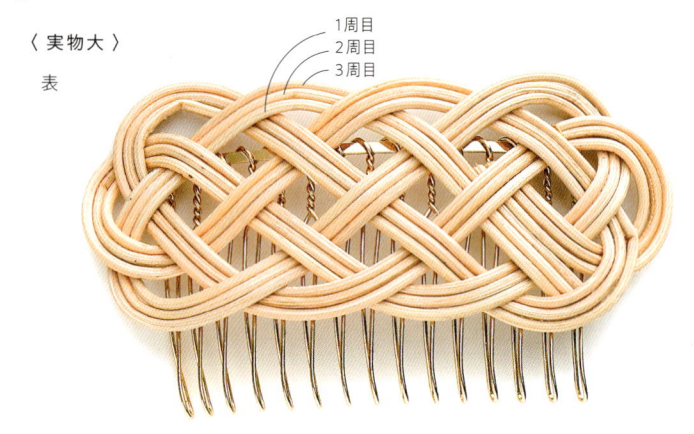

1周目
2周目
3周目

**材料**　丸芯径1.5mm×1周目70cm（2週目以降は各5cmずつ長く用意・3本編み）、コーム
**出来上がりサイズ**　約3×8cm

p.66を参照して髪飾り結びを3周編み、裏に接着剤でコームをつける。ぬい留めてもよい。

裏

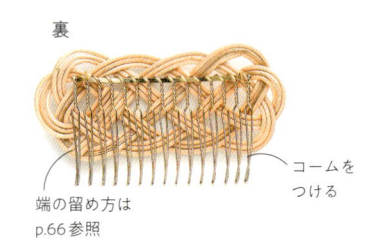

端の留め方は
p.66参照

コームを
つける

## ❀ トレー　作品→p.25

1周目
2周目
3周目
4周目
5周目
6周目
7周目

端の留め方は
p.66参照

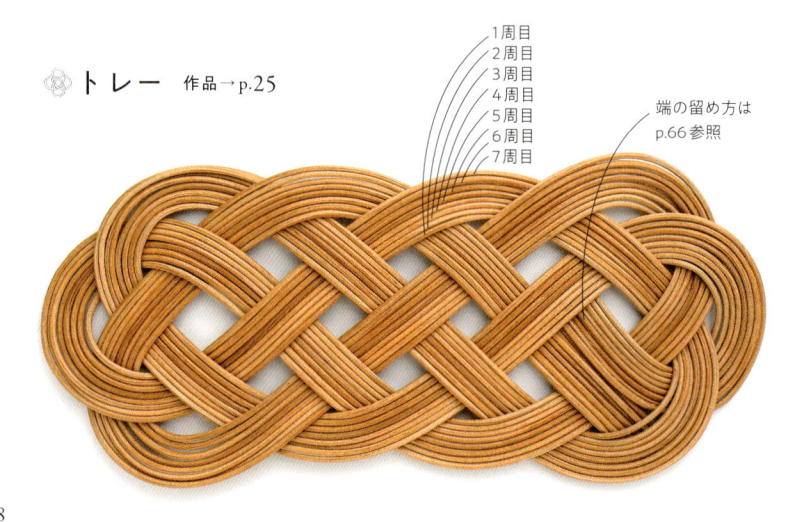

**材料**　丸芯径3.0mm×1周目200cm（2週目以降は各5cmずつ長く用意・7本編み）
**出来上がりサイズ**　約12×32cm

p.66を参照して髪飾り結びを7周編む。出来たら紅茶で染める（染め方はp.43参照）。しばらく重しをして平らにすると使いやすい。

# 星編み
ほし

## 星編みの作り方

平たい皮籐6本を交差させて作る球形。
つなぎ目は細い皮籐で巻き留めます。球状のままでも、
編み目を開いてバングルとしても楽しめます。

●巻き留め方

**1**

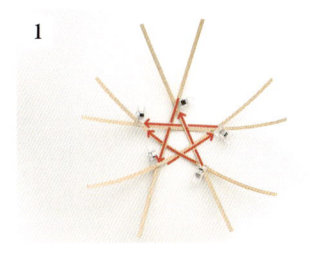

皮籐5本を交差させて星形を作り、ずれないようにクリップで仮留めする。上下の重ね方に気をつける。

**4**

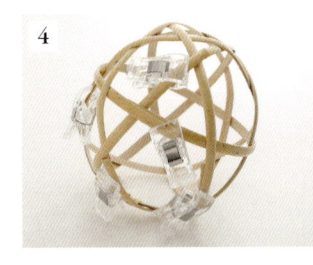

下の図を参照し、同じ印同士を突き合わせて球形にし、クリップで仮留めする。

**1**

両端を2cmほど重ね、上から細い皮籐を数回巻く。

**2**

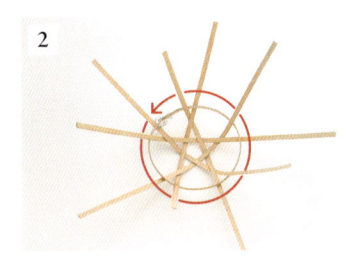

もう1本の皮籐を、星形の5本に交互にくぐらせながら加える。

**5**

巻き留める

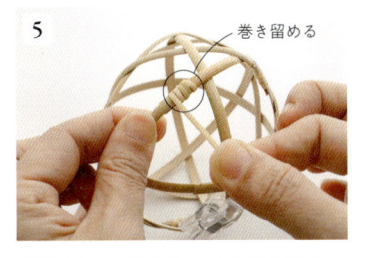

仮留めした箇所すべてを巻き留める（巻き留め方は右の写真参照）。

**2**

一方の端をくぐらせ、すき間があかないように引っ張って固定する。

**3**

巻き留める

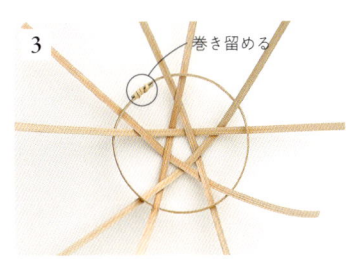

2の端を巻き留める（巻き留め方は右の写真参照）。

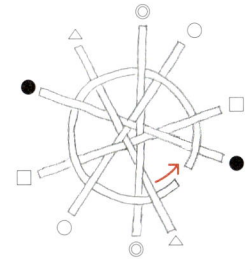

上下の重なりは図の通り。かご状になり手を放してもくずれない。

**3**

余分を切り落とす。

**4**

巻き終わったところ。

## ❀ バングル　作品→p.13

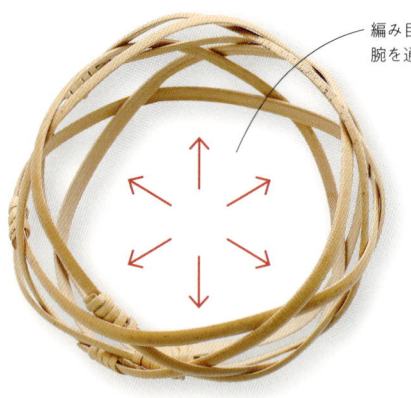

編み目を広げて
腕を通す

材料　皮籐幅5.0㎜×30㎝ 6本、（巻き留め用）皮
籐幅2.0㎜×6㎝ 6本
**出来上がりサイズ**　約径8.5㎝

p.69を参照して星編みを作る。

## ❀ クリスマスオーナメント　作品→p.34

吊るしひもをつける

赤い実を飾る

材料〈1個分〉　（本体）皮籐幅3.0㎜×22㎝ 6本、（巻
き留め用）金色のワイヤー適量、飾りの赤い実
**出来上がりサイズ**　約径6㎝

p.69を参照して星編みを作る。つなぎ目は金色の
ワイヤーで巻き留めて雰囲気を出し、飾りの赤い
実を絡ませる。同じものをいくつか作り、モチー
フに吊るしひもをつけて木の枝に吊るす。

## ❀ 花器カバー　作品→p.34

編み目を広げて
グラスを入れる

材料　（本体）皮籐幅5.0㎜×30㎝ 6本、（巻き留
め用）皮籐幅2.0㎜×6㎝ 6本、ミニグラス、好み
の植物
**出来上がりサイズ**　約径8.5㎝

p.69を参照して星編みを作る。編み目を広げ、小
さなグラスを入れて植物をいける。

 こんな籐遊びも楽しい！

## 雑貨の巻き飾り

籐をくるくると巻き付けるだけ。
とても簡単ですから、家にある雑貨で試してみてください。

● **花器の飾り**　作品→p.35
● **キッチンツール**　作品→p.36

ガラスボトルやレードル、カッティングボード、コーヒーポットなどの持ち手に、皮籐をすき間なく巻きます。

**材料**　皮籐幅5.0mm適量

茶筒とグラスの巻き方は、下のペーパーウエイト参照

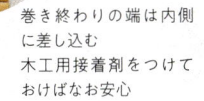

巻き終わりの端は内側に差し込む
木工用接着剤をつけておけばなお安心

● **ペーパーウエイト**　作品→p.37

巻き方は3種類。黒い石で説明します。

**材料**　皮籐幅2.0か3.0mm適量　接着剤（C）

---

### A

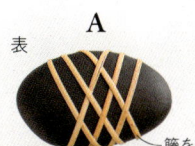

表 / 裏

籐を編むように上下にくぐらせる
端はくぐらせて固定する

皮籐を×を描くように巻く。

### B

表 / 裏

籐を石に巻きながら中央で交差させます。

端はくぐらせて固定する

 **1**　巻き始めの端を指で押さえながら、石の上でU字に曲げる。

 **2**　籐を石の裏側にひと巻きして、中央で交差させる。

 **3**　また石の裏側にひと巻きして、中央で交差させる。2 3 をくり返して3周する。

### C

表

Bの中央を同じ皮籐で巻いてアクセントを作ります。

 **1**　B-3からスタート。端を切らずに籐の交差点を中心から数周巻いて余分を切る。

 **2**　端に多目的接着剤を塗る。

 **3**　表から見えない位置に端を差し込み固定する。

71

立体的な作品の手順を追ってみましょう。
他の作品にも共通するポイントがありますから参考にしてください。

## 連続あわじ結びのバングル 作品→ p.13

バングルはあわじ結びを続けて編んだ本体とジョイントの2パーツ。本体を作ってからジョイントを加えます。色の濃い2つも編み方は同じ。本数を変え、左下はコーヒーで、右はコーヒー＋木酢酸鉄液で染めています（染め方は p.43 参照）。

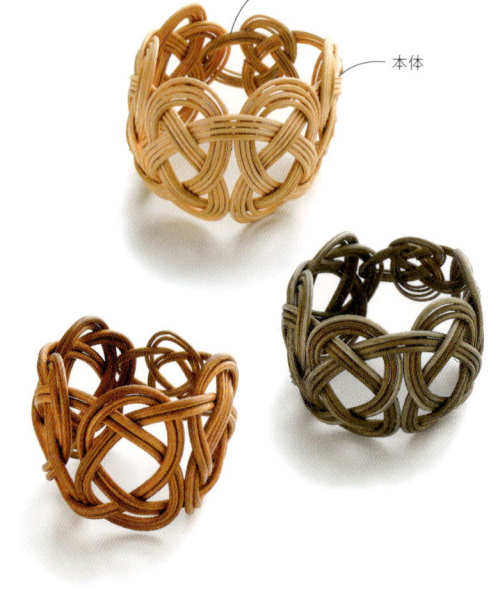

ジョイント

本体

### 材料（無垢色）

本体／丸芯径1.75mm×1周目160cm（2周目以降は各5cmずつ長く用意・4本編み）、ジョイント／丸芯径1.25mm×100cm（1本編み）
＊コーヒー染めのバングル：丸芯径1.75mm×1周目160cm（2周目は5cm長く用意・2本編み）、ジョイントの材料は無垢色と共通
＊コーヒー＋木酢酸鉄液で染めたバングル：丸芯径3.0mm×1周目160cm（2周目以降は各5cmずつ長く用意・3本編み）、ジョイントの材料は無垢色と共通
**出来上がりサイズ** 本体約18×5cm、ジョイント約6×3cm

❀ **本体作り** あわじ結びを連続して編み、バングルの形にする。

● 1周目・ひとつ目のあわじ結びを編む

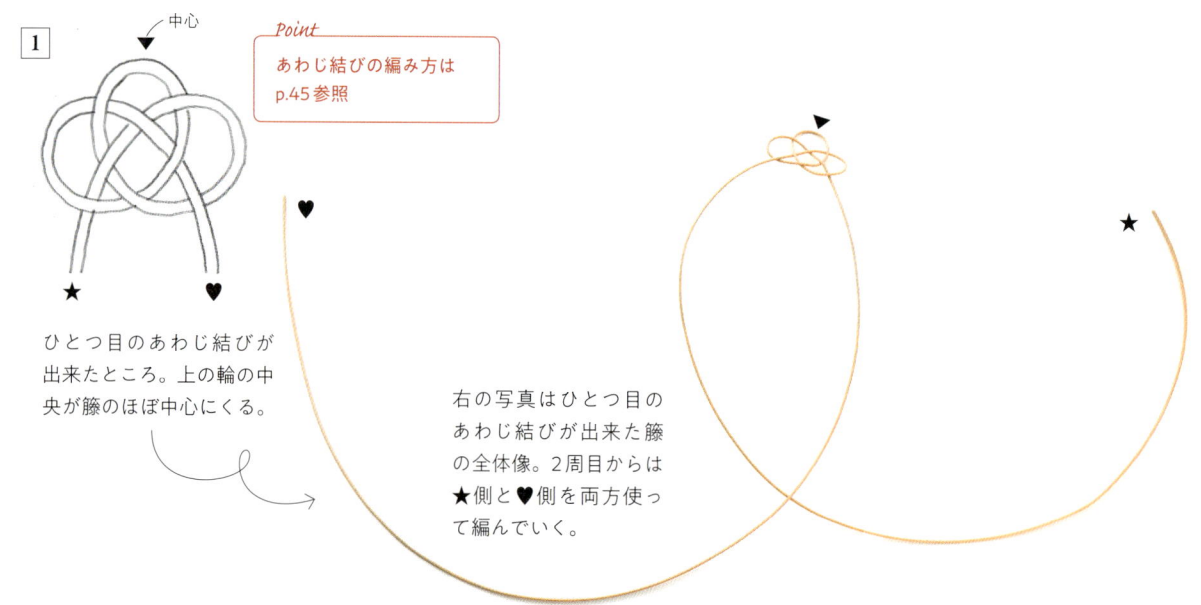

1 中心

**Point**
あわじ結びの編み方は
p.45参照

★ ♥

ひとつ目のあわじ結びが出来たところ。上の輪の中央が籐のほぼ中心にくる。

♥ ★

右の写真はひとつ目のあわじ結びが出来た籐の全体像。2周目からは★側と♥側を両方使って編んでいく。

〈 実物大 〉

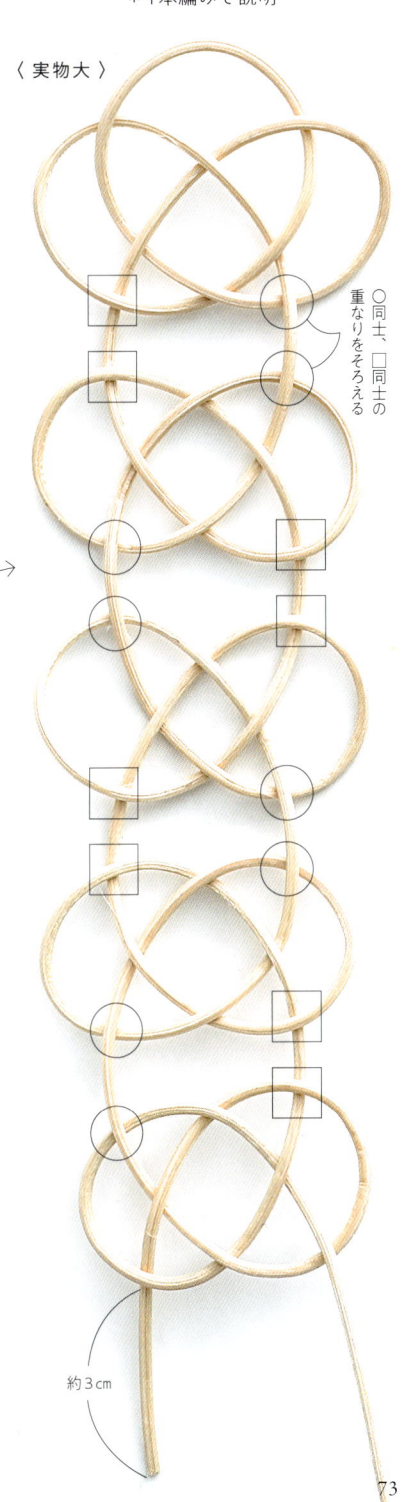

○同士、□同士の
重なりをそろえる

約3cm

● ふたつ目のあわじ結びを編む

**2**

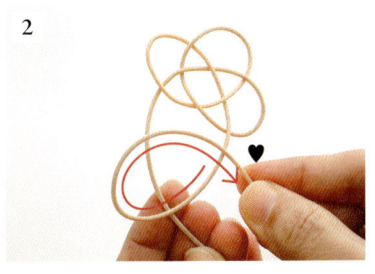

まず片方を矢印通りにはこぶ。重ね方は、
ひとつ目と左右逆になる（写真右参照）。

**3**

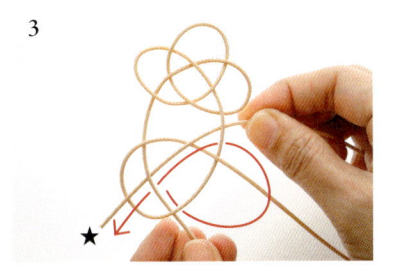

まず片方を矢印通りにはこぶ。重ね方は、
ひとつ目と左右逆になる（写真右参照）。

**4**

ふたつ目の出来上がり。

**5**

2 〜 4 をくり返してあわじ結びを5つ
編んだところ。三つ目以降のあわじ結
びは、p.45と上の写真の編み目を参照
して編む。出来たら一方の端を約3cm
残して切る。

● 2周目を編む

**6**

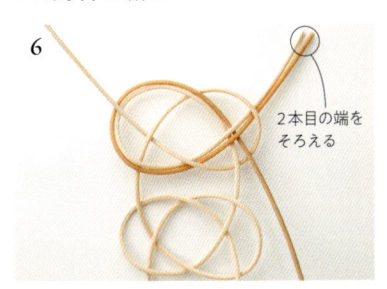

2本目の端を
そろえる

2本目を短く切った籐の端にそろえ、外
側に沿わせて編み始める。

**7**

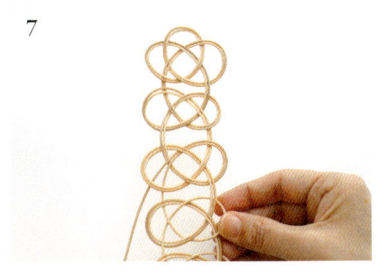

さらに外側に沿わせていく。

● 3周目を編み、形を整える

Point<br>9.10の形の整え方は、すべてのバングルに共通

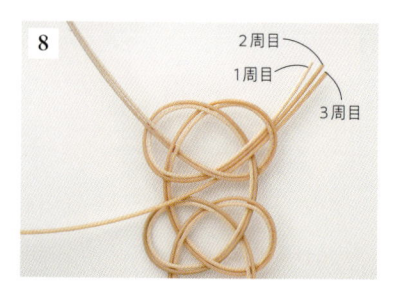

**8** 2周目 1周目 3周目

3本目も同様に、短く切った端にそろえ、外側の線の沿わせて編み始める。

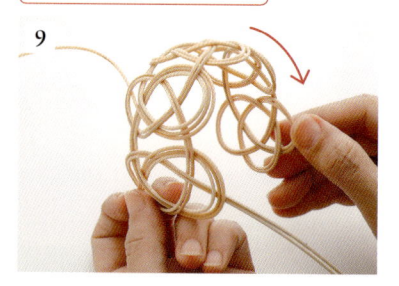

**9**

編み進めながら、ときどき写真のようにモチーフをたわませてバングルらしい形にする。

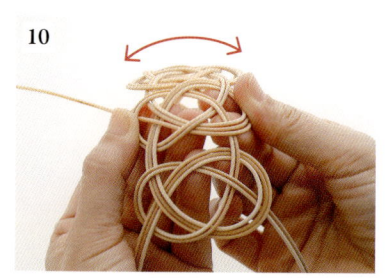

**10**

さらに、方向を変えてカーブをつけ、形を整える。4周目も3周目と同様に編む。

● 留める

**11**

長い方のうち、いちばん内側の1本を矢印の通りにはこび、何度か編み目にくぐらせて留める。

**12**

残り3本の端も、**11**と同様にはこぶ。

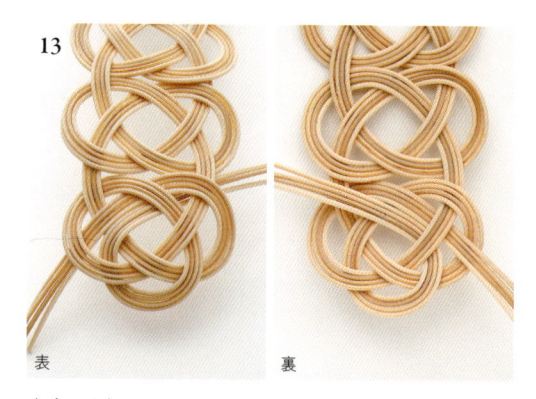

**13** 表 裏

表裏とも編み目の並びをきれいに整える。

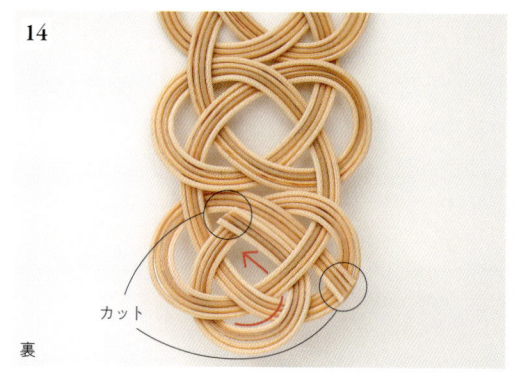

**14** 裏 カット

長い方の端を矢印のように編み目にくぐらせて固定し、余分を表から見えない位置で切る。

# ✿ ジョイント作り　1本の長い籐で、本体に絡ませながら編む。

## ●サイズ確認をする

**15**

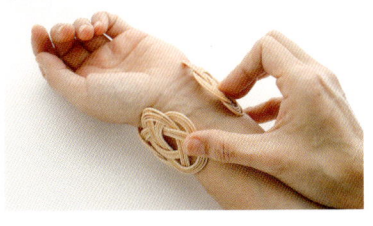

本体を腕に巻き、ジョイントのサイズの見当をつける。

16の全体像。

16〜21のジョイントの編み方は、すべてのバングルに共通

*Point*

## ●1周目を編む

**16**

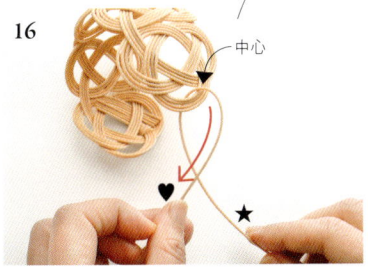

中心

中心を、バングルの本体の端の編み目にくぐらせて編み始める。

**17**

♥側を矢印の通りにはこぶ。

**18**

★側を矢印の通りにはこぶ。

## ●2周目を編む

**19**

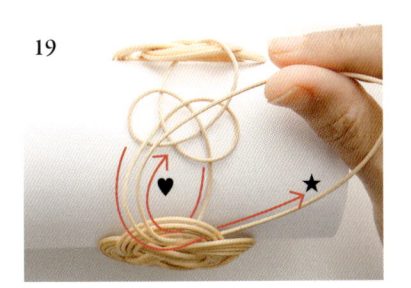

バングル本体の逆側にくぐらせ、両端を引っ張りながら、自分の腕に合うように菜の花結びのサイズを調節する。大きければ小さく、小さければ編み目を広げて大きくする。

**20**

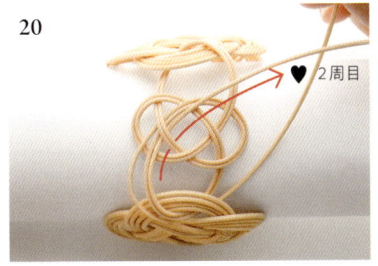

2周目

2周目は♥側を内側に沿わせて編む。

**21**

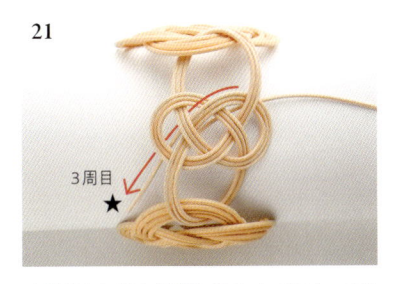

3周目

3周目は★側を外側に沿わせて編む。1周目の線を中心にすることでサイズが変わらないようにする。

●留める

*Point*
23の留め方は、すべて
のバングルに共通

**22**
裏

編み終わったら、両端を編み目にく
ぐらせて裏側にはこぶ。

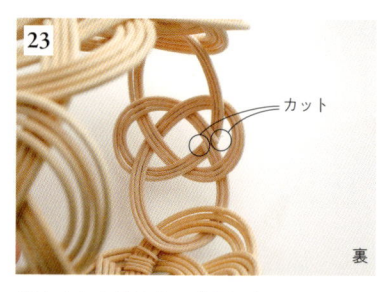

**23**
カット
裏

端を表から見えない位置で切る。

**24**
ジョイント
本体

バングルの出来上がり。

## さらに丈夫にするために…

実際に使っているうちにバングルの編み目がゆるんできたら、
作品の一部を別の籐で巻いて補強してみましょう。

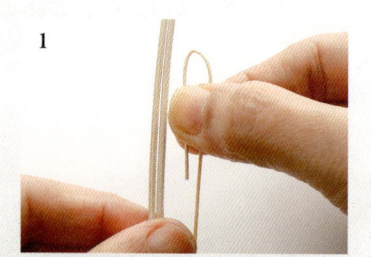

**1**

籐をU字に曲げてバングルの編み目
に沿わせる。

**2**

足元を3〜5周巻く。

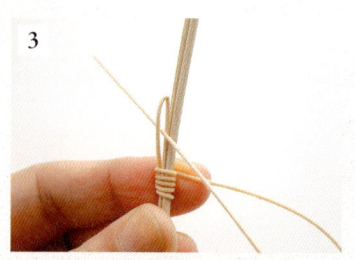

**3**

端を輪に通す。

**4**

両端を引っ張って結ぶ。

**5**

出来上がり。

# 菜の花結びのヘアゴム 作品→p.15

菜の花結びのモチーフを編んでゴムをつけるだけ。
とても簡単です。

表

裏

**材料** 丸芯径1.5mm×100cm（1本編み）、ヘアゴム、Cカン
**出来上がりサイズ** 約4×4cm

p.14では色違いのヘアゴム
も紹介しています。モチー
フを編んでから紅茶やコー
ヒーで染めて仕上げましょ
う（染め方はp.43参照）。

## ●1周目の菜の花結びを編む

1 中心

★ ♥

**Point**
菜の花結びの編み方図は
p.48参照

1周目の菜の花結びを編
んだところ。

▼

♥

★

上の写真は、ひとつ目の菜の花結び
をしている途中。1本で3周編むので、
1周目の編み始めは、片方の端から
約45cmのところをp.48図1の▼に
合わせるとよい。2周目以降は残っ
た長い方を外側に沿わせて編む。

## ●2、3周目を編む

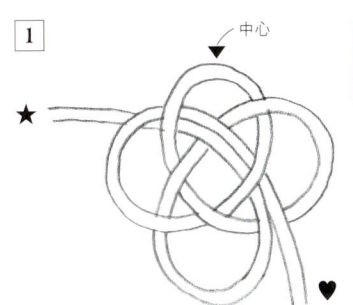

2 ★

1周目

2周目
3周目

♥

♥側の籐を外側に沿わせて2、3周目を編んだところ。

●留める

カット

裏

端を表から見えない位置で切る。

●仕上げる

Point
4〜5の仕上げ方はすべてのヘアゴムに共通

4

裏側からCカンを編み目に通し、ヘアゴムをつなげる。

5

先細ペンチでCカンを締める。

# 菜の花結びのリング 作品→p.10

1本編みで編み進めながら、飾り結びのモチーフの中央を広げて指を通せる穴を作ります。サイズは自分の指に合わせて調整を。色濃いリングは、紅茶で染めたもの（染め方は p.43 を参照）。

**材料**　ふたつのリングいずれも丸芯径1.75㎜×130㎝（1本編み）
**出来上がりサイズ**　径約1.8㎝

●1周目の菜の花結びを編む

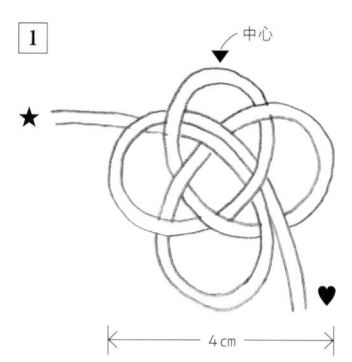

1

中心

★

♥

4cm

Point
菜の花結びの編み方図は
p.48参照

1周目の菜の花結びを径約4cmに編んだところ。

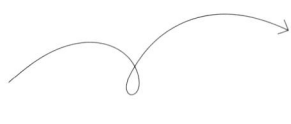

▼

♥

★

上の写真はひとつ目の菜の花結びをしている途中。1本で4周するので、1周目の編み始めは、片方の端から約45cmのところをp.48図1の▼に合わせるとよい。2周目以降は残った長い方を外側に沿わせて編む。

## ●リングの形にする

*Point*
3、4の形作りは、すべての
リングの共通

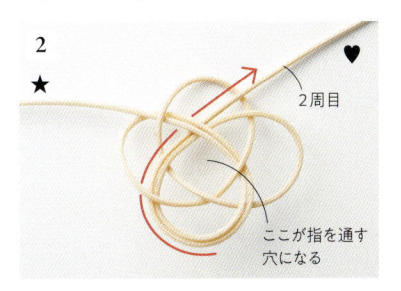

**2** ★ ♥

2周目

ここが指を通す
穴になる

2周目を1周目の外側に沿わせて編み始
める。

**3**

2周目が編めたら、指先でたわめて平らな
籐に立体感を出しながら、中央の編み目
を広げて指を通す穴にする。

**4**

端を引いたり緩めたりしながら、さらにき
れいなリング形にする。編み目が詰んでく
るので少し大きめを心掛けるとよい。

## ●3、4周目を編む

**5** ♥

3周目

形がある程度整ったら、♥側を外側の線
に沿わせて3周目を編む。

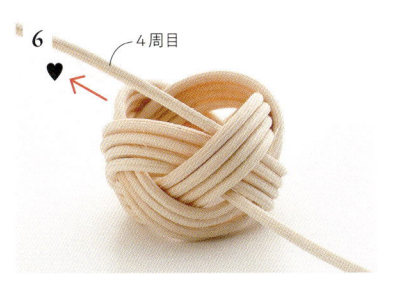

**6** ♥

4周目

続けて外側の線に沿わせて4周目を編
む。編み目が小さく編みづらい場合は、
内側に沿わせて編んでもかまわない。乾
くと編みづらいので、こまめに水に浸す
か霧を吹いて(p.42参照)湿らせるとよい。

## ●留める

*Point*
7の留め方はすべてのリ
ングに共通

**7**

カット

端を表から見えない位置で切る。

**堀川 波**

1971年大阪生まれ。イラストレーター、手工芸作家。大阪芸術大学グラフィックデザインコース卒業。おもちゃメーカーの企画開発を経てフリーに。本の執筆やイラストのほかに、布小物の製作、デザインなども。『45歳からの自分を大事にする暮らし』『48歳からの毎日を楽しくするおしゃれ』（エクスナレッジ）などのエッセイや、『リネンで作る、つるし飾り』『かわいい背守り刺繍』（誠文堂新光社）などの著書多数。日本の風習を気軽に取り入れた生活を雑誌で紹介したり、郷土玩具の収集家でもある。
● instagram.com/horikawa._.nami　● https://www.dottodot-works.com

STAFF

ブックデザイン　後藤美奈子
撮影　寺岡みゆき
モデル　前田エマ
ヘアメイク　上田千絵 (8huit)
イラスト・コラージュ制作　堀川 波
編集　飯田充代

撮影協力　8huit（ユイット）https://8huit.jp/
衣装・バッグ制作　今井奈緒 (dot to dot)
リース・スワッグ制作　中口昌子 (cabbege flower styling)

10種類の飾り結びで作るバングル、ブローチ、バレッタ etc.

# 籐で作るアクセサリーと小物

2020年4月11日　第1版　発　行　　　　　　　　　　　　　　NDC594
2022年5月10日　　　　　第4刷
2025年3月9日　第2版　発　行

著　者　堀川 波
発行者　小川雄一
発行所　株式会社 誠文堂新光社
　　　　〒113-0033 東京都文京区本郷3-3-11
　　　　https://www.seibundo-shinkosha.net/
印刷所　広研印刷 株式会社
製本所　和光堂 株式会社

ISBN978-4-416-62437-1